JAMIE PURVIANCE

WEBER'S RÄUCHERN

EINFACH UND UNKOMPLIZIERT MIT GRILL UND RÄUCHEROFEN

Inhalt

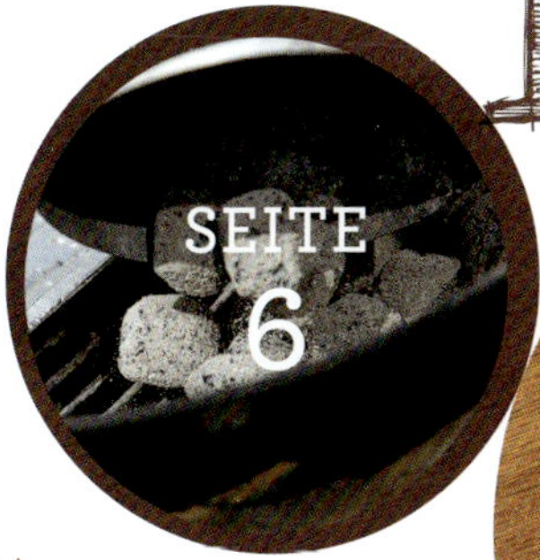

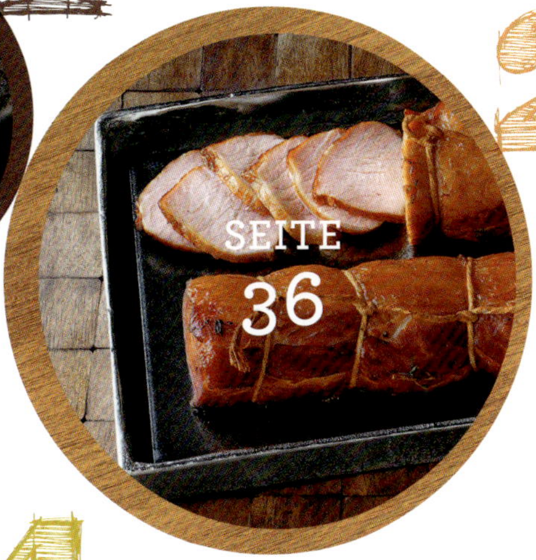

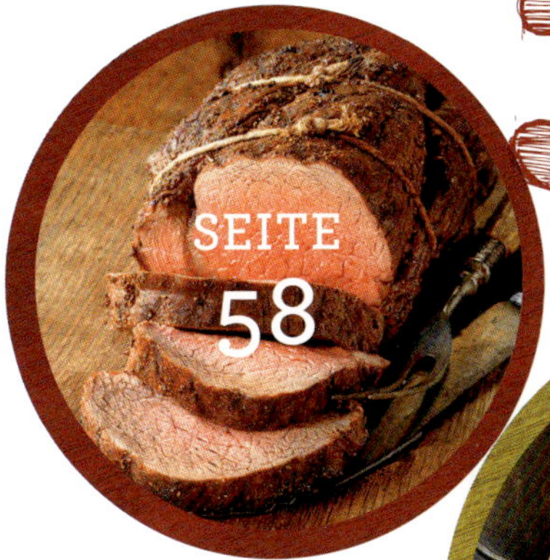

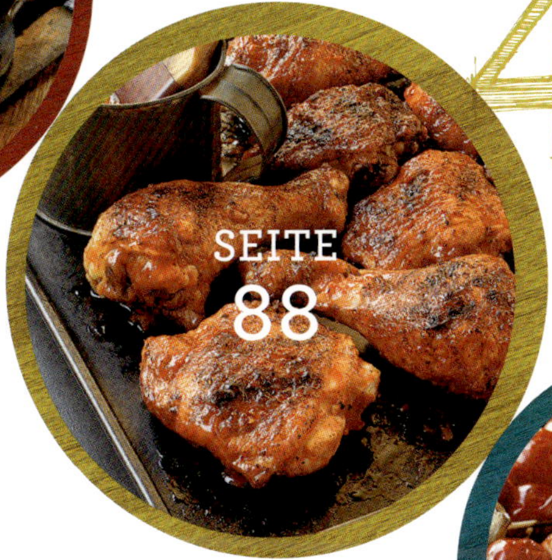

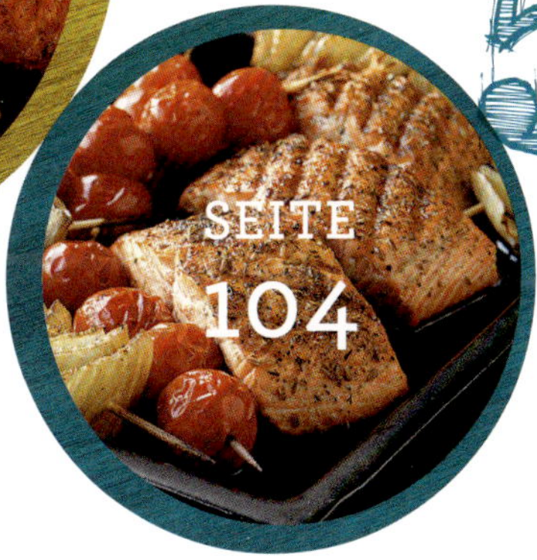

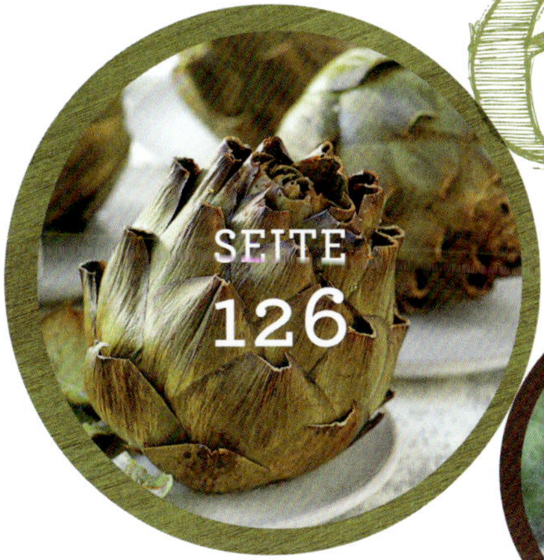

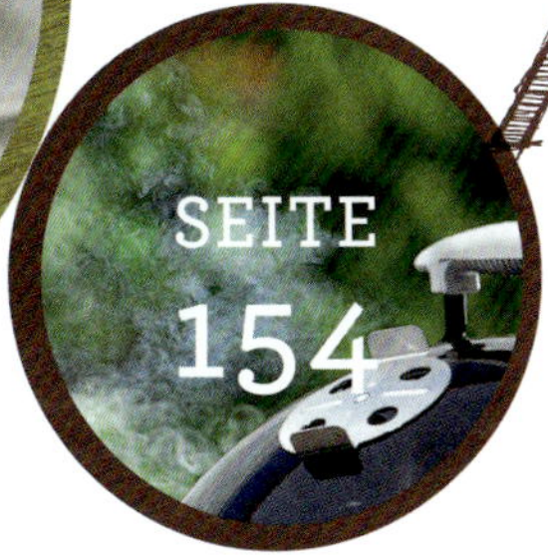

VORWORT

Früher stand ich dem Räuchern eher ratlos gegenüber. Wie damals, vor etwa 30 Jahren in Louisiana: Ich war noch auf dem College und in den Ferien auf dem Land unterwegs. An einem schwülen Nachmittag kroch auf einmal der verführerische Duft von holzgeräuchertem Schweinefleisch durch das offene Autofenster. Als Fleischfresser, der ich nun einmal bin, spürte ich ihm bis zu einem Festplatz nach, wo ein Barbecue-Wettbewerb im Gange war. Ich spazierte zwischen den muskelbepackten Köchen und ihren qualmenden Grillstationen, von denen einige größer als mein Auto und wahrscheinlich doppelt so teuer waren, herum und fragte mich, in was für eine seltsame Veranstaltung ich hier geraten war. Was wollten diese Leute mit all den Fleischbrocken, den halbmeterlangen Spritzen, den Schubkarren voller Holz und den Saucen, die in verbeulten Töpfen vor sich hin brodelten?

Einige der Barbecue-Teams verkauften Proben ihres Könnens. Für einen Dollar erwarb ich ein Stück Spareribs – und damit ein wahres Geschmacksfeuerwerk, in dessen Mittelpunkt üppiges, saftiges Schweinefleisch mit einer intensiven Holznote stand. Doch was in aller Welt waren die anderen Komponenten? Und wie hatten die Köche es hinbekommen, dass das Fleisch geradezu vom Knochen fiel? Ich wusste so vieles nicht. Was ich aber noch weiß, ist, dass ich zufrieden seufzte und, noch bevor ich mit dem ersten Rippchen fertig war, nach mehr verlangte.

Die Jahre vergingen, und ich hatte immer mal wieder Gelegenheit, Geräuchertes – auch vom Grill – zu genießen. Dabei lernte ich einiges über das Kochen an sich, aber von den Feinheiten des Grillens hatte ich nach wie vor so wenig Ahnung wie von Hexerei. Das änderte sich erst, als ich mich bei einer renommierten Kochschule einschrieb.

Seit Jahrtausenden werden Lebensmittel geräuchert, um sie haltbar zu machen. An der Technik hat sich bis heute nicht viel geändert, an den Beweggründen aber schon: Heute räuchern wir nicht aus Notwendigkeit, sondern aus Spaß und Genuss. Im Grunde ist Räuchern nichts anderes als das Garen von Lebensmitteln über schwelender Glut.

Wenn Sie jetzt an Barbecue denken, dann liegen Sie nicht verkehrt. Doch beim Räuchern geht und ging es um mehr als nur darum, riesige Bratenstücke stundenlang bei schwacher Hitze endlich zart zu bekommen. Zwar finden Sie in diesem Buch einige Barbecue-Klassiker wie Geräucherte Rinderbrust, Pulled Pork und eine Spareribs-Variante (eine Reminiszenz an das, was ich vor 30 Jahren in Louisiana gegessen hatte). Doch so sehr ich Barbecues mag – in die-

sem Buch geht es mir darum, die ganze Bandbreite des Räucherns vorzustellen und Sie mit Gerichten bekannt zu machen, die durch ein bisschen Rauch einfach besser werden. Beispielsweise wusste ich natürlich, dass marinierte Ribeye-Steaks ein Fest für die Sinne sind, wenn sie über Holzkohle gegrillt werden. Warum aber nicht noch ein paar Räucherchips zur Glut geben? Und dazu noch ein paar kräftige frische Thymianzweige? Ich sage Ihnen, das Resultat ist überwältigend. Unbeirrt von Vorstellungen davon, was man räuchern kann und was nicht, ließ ich meiner Fantasie freien Lauf. Das merken Sie vielleicht an Rezepten wie Vietnamesische Garnelenröllchen mit süßsaurer Sauce (siehe Seite 109) und auf dem Zederbrett geräucherter Brie (siehe Seite 132). In einigen Fällen habe ich beliebte Klassiker etwas abgewandelt. Die Änderungen haben etwas mit den folgenden Erkenntnissen zu tun, die ich über das Räuchern erlangt habe.

Eine Erkenntnis ist: Rauch wirkt wie ein Gewürz. Ein guter Koch entwickelt ein Gespür dafür, wie viel von einem bestimmten Gewürz in ein Gericht gehört. Er lernt von Köchen mit mehr Erfahrung, und er lernt aus Kochbüchern. In diesem Buch lernen Sie, warum bei Rauch weniger oft mehr ist. Tatsächlich ist der Einsatz von zu viel Rauch ein klassischer Anfängerfehler. Davon wird das Grillgut bitter und rußig. Alle Rezepte in diesem Buch beinhalten Empfehlungen hinsichtlich Holzart und Räucherdauer; bitte halten Sie sich zunächst daran. Falls Ihnen ein intensiveres Raucharoma lieber ist, können Sie die Dosis ja beim nächsten Mal etwas steigern.

Eine weitere Erkenntnis zum Thema Räuchern: Die Temperatur ist entscheidend. Wenn Sie die Glut so im Griff haben, dass die Temperatur fast konstant im gewünschten Bereich bleibt und wenn Ihr Gerät Holz sauber verbrennt, dann können Sie mit ausgezeichneten Räucherergebnissen rechnen. Wenn aber die Temperatur ständig extrem steigt und fällt, dann leidet das Grillgut. Dass man Lebensmittel auf dem Räucher- oder auf dem Holzkohlegrill räuchern kann, muss ich wohl kaum erwähnen. Doch ich möchte betonen, dass sich auch ein Gasgrill dafür eignet. Warum? Weil kein Gerät

> *Rauch wirkt wie ein Gewürz. Ein guter Koch entwickelt ein Gespür dafür, wie viel von einem bestimmten Gewürz in ein Gericht gehört. Er lernt von Köchen mit mehr Erfahrung, und er lernt aus Kochbüchern.*

die Temperaturen – selbst die sehr schwache Hitze, die zum Räuchern häufig benötigt wird – so gut hält wie ein Gasgrill. Wenn Ihr Gasgrill mit einer Räucherbox und möglichst auch noch mit einem Extrabrenner unter der Box ausgestattet ist, dann haben Sie gute Voraussetzungen für hervorragende Ergebnisse. Sie brauchen nur die Temperatur einzustellen, die Holz-Chips anzuzünden und das Grillgut im richtigen Abstand über die Hitze zu legen. Mehr über das Räuchern mit Gasgrill, Holzkohle- oder Räuchergrill erfahren Sie auf den Seiten 18–23. Dort steht alles, was Sie für den Anfang wissen müssen. So muss man beim Holzkohlegrill bei langen Grillzeiten häufiger Holz nachlegen als beim Räuchergrill, doch räuchern können Sie

wirklich auf jedem Gerät. Viele andere Erkenntnisse, die ich erlangt habe, sind in die Rezepte eingeflossen. So stehen bei jedem Rezept Erfolgstipps, etwa wie man das Fleisch schneidet, oder dass man Geflügel vor dem Garen pökeln kann. In anderen Fällen liegt das Erfolgsgeheimnis darin, das Feuer korrekt zu entfachen, zum richtigen Zeitpunkt die Holz-Chips hinzuzufügen oder eine Garprobe zu machen. Je mehr meiner Rezepte Sie ausprobieren, desto eher werden Sie merken, dass Räuchern nichts Mysteriöses an sich hat; man muss nur ein paar Grundlagen beachten.

Ich betrachte dieses Buch als einen Kurs. Es beginnt mit den Grundlagen, damit Sie Unsicherheiten oder Verunsicherungen hinter sich lassen können. Später lernen Sie Fähigkeiten und Techniken kennen, die beim Räuchern auf dem Grill fast immer äußerst nützlich sind. Natürlich finden Sie im Buch auch viele Gelegenheiten, das Gelernte zu perfektionieren. Sie könnten mit etwas Einfachem wie dem Thunfischsalat mit Honig-Senf-Dressing und Nüssen (siehe Seite 124) oder Lamm-Rollbraten aus dem Eichenrauch (siehe Seite 78) beginnen. Doch wenn für Sie aus einem Hobby bald eine Leidenschaft wird, dann dauert es bestimmt nicht lange, und Sie trauen sich an Rezepte wie Selbst gemachter Bacon (siehe Seite 55), Forellen-Artischocken-Dip (siehe Seite 128) und Pfeffriges Beef-Jerky (siehe Seite 70). Ich hoffe, dass Sie nach dem Absolvieren dieses Kurses nützliche Informationen bekommen haben und neugierig geworden sind auf die Welt des Räucherns.

Jamie Purviance

Grundlagen des Räucherns

BRENNMATERIALIEN

Vermutlich entdeckten die Steinzeitmenschen die konservierende Wirkung des Rauchs und damit das Räuchern. Dabei wurde Holz als Energiequelle genutzt. Noch heute schwören manche Grillfreaks auf Holz, obwohl es zum Grillen und Räuchern eher ungeeignet ist. Schließlich kann es bis zu einer Stunde dauern, bis sich die Flammen beruhigt haben und die Glut eine konstante Hitze abgibt. Außerdem kann frisches Holz einen so starken Rauch entwickeln, dass das Grillgut komplett verrußt. Diese und andere Nachteile haben dazu geführt, Alternativen zu Holz zu entwickeln.

HOLZKOHLE. Holz- oder Grillkohle wird aus Hartholz hergestellt, das unter Luftabschluss stark erhitzt wird. Dadurch verbrennt das Holz nicht, sondern es verkohlt. Zurück bleibt die Holzkohle, die in Stücke zerfällt. Holzkohle entzündet sich schneller als Holzstücke, und die Glut hält die Wärme gut und relativ gleichmäßig. Während Holzkohle brennt, entwickeln sich reine, aromatische Rauchfähnchen, die nach dem Holz, aus dem sie hergestellt wurde, riechen. Doch Holzkohle ist nicht gleich Holzkohle. Holzkohle von guter Qualität sollte von einer Holzart stammen und aus gleichmäßigen, möglichst faustgroßen, Stücken bestehen – viele kleine Stücke und Staub in der Packung deuten auf schlechte Qualität hin.

VORTEIL *Holzkohle glüht schnell durch und produziert aromatischen Rauch, dessen Aroma dem Ursprungsholz entspricht. Sie ist ideal, wenn schnell eine Glut erzielt werden soll, die nicht allzu lange halten muss.*

HARTHOLZ-BRIKETTS. Die kompakten schwarzen Kissen bestehen aus kleinen Holzkohlebrocken, die mithilfe eines natürlichen Bindemittels (meist Maisstärke) in Form gepresst wurden. So erhalten diese Grillbriketts eine große Dichte, wodurch sie länger und gleichmäßiger brennen als willkürlich geformte Kohlestücke. Hartholz-Briketts sind zum Räuchern besser geeignet als Holzkohle, weil sich mit ihnen die gewünschte Hitze leichter erreichen und gleichmäßiger halten lässt. Sie erzeugen zwar nicht so viel Raucharoma, doch mit Holz-Chips oder Holzstücken auf der Glut lässt sich das gewünschte Aroma problemlos erzeugen.

VORTEIL *Hartholz-Briketts brennen länger und geben eine gleichmäßigere Hitze ab als Holzkohle, es entsteht allerdings weniger Holzaroma. Gut geeignet zum Räuchern, bei dem über längere Zeit konstante Hitze nötig ist.*

STANDARD-HOLZKOHLE-BRIKETTS. Viele Grillbriketts werden aus Holzkohlenstaub und anderen Materialien wie Braunkohle, Ton und Kalkstein gepresst; dazu kommt ein Bindemittel wie Maisstärke. Mit diesen Briketts wird eine nicht so heiße Glut erzeugt wie mit Hartholz-Holzkohle oder -Briketts. Für das erfolgreiche Räuchern ist eine sehr hohe Temperatur jedoch nicht so entscheidend, weshalb diese Briketts sowohl im Holzkohle- als auch im Räuchergrill für das Räuchern durchaus geeignet sind. Werden ein paar Holz-Chips oder Holzstücke auf die Glut gelegt, entsteht das gewünschte Räucheraroma. Aufgepasst: Es gibt Briketts, die mit einer Anzündhilfe versetzt worden sind; diese kann dem Grillgut ein öliges, rußiges Aroma geben. Besser ist es, reine Briketts und einen Anzündkamin zu verwenden (siehe Seite 10).

VORTEIL *Standard-Holzkohlebriketts haben eine lange Brenndauer und erzeugen eine gleichmäßige Temperatur, sowohl im Holzkohle- als auch im Räuchergrill.*

GAS. Gegenüber Holz, Holzkohle oder Briketts hat Gas einen klaren Vorteil: Es verbrennt relativ sauber bei genau der Temperatur, die gewünscht ist. Solange genug Gas vorhanden ist, brennt ein guter Gasgrill bei nahezu jeder Temperatur, einschließlich ganz schwacher Hitze, die fürs Räuchern häufig nötig ist. Das Gas – sei es Propangas aus der Flasche oder Erdgas aus dem Anschluss im Haus – wird durch einen Regler am Gasgrill aufgedreht. Mit diesem Regler lässt sich auch die Hitze regulieren: Soll sie erhöht werden, dreht man einfach das Gas etwas mehr auf. Beim Grillen auf dem Gasgrill entsteht das Raucharoma durch Fett und Flüssigkeit, die auf die Metallteile des Geräts tropfen und dort verbrennen. Dieses Raucharoma ist völlig anders als das, das durch Holzrauch entsteht. Wenn man jedoch die Räucherbox eines Gasgrills mit Holz-Chips füllt, lässt sich auch auf dem Gasgrill ein angenehmes Holzraucharoma erzeugen (siehe Seite 22).

VORTEIL *Beim Gasgrill lässt sich die Hitze präzise einstellen; Gas verbrennt relativ sauber.*

EIN HOLZKOHLEFEUER ENTFACHEN

Achten Sie darauf, dass Sie die Holzkohle auf absolut sichere Art anzünden. Am besten gelingt das mit einem Anzündkamin – das ist ein Metallzylinder mit einem Griff an der Außenseite und einem Metallgitter im Inneren.

1]

Bevor Sie den Grill anzünden, sollten Sie fürs Räuchern Holz-Chips (nicht Holzstücke) für mindestens 30 Minuten in Wasser einweichen, beispielsweise in einer Einweg-Aluschale. Die Chips müssen dabei vollständig mit Wasser bedeckt sein.

2]

Grillrost vom Grill nehmen und den Anzündkamin auf den Kohlerost stellen. Legen Sie etwas zerknülltes Zeitungspapier in die Kammer unter dem Metallgitter des Anzündkamins, und füllen Sie die obere Kammer mit Holzkohle. Da zum Räuchern schwache bis mittlere Hitze genügt, muss die obere Kammer nicht ganz voll sein. Manchmal ist es sogar besser, zu Beginn des Räucherns den Zylinder nur zur Hälfte mit Kohle zu füllen. Kohle nachlegen können Sie immer.

3]

Das Papier durch die seitlichen Löcher des Kamins anzünden. Alternativ zu Zeitungspapier Anzündwürfel nehmen. Der Vorteil dieser Methode liegt darin, dass der Kamin die heiße Luft von unten ansaugt und sie durch die Kohle schleust. Die Kohle brennt dadurch viel schneller, als wenn sie auf dem Rost ausgebreitet wird. Wer keinen Anzündkamin hat, kann aus Holzkohlebriketts eine Pyramide um ein paar Anzündwürfel bauen und anzünden.

Bei guter Ventilation brauchen Holzkohlestücke 15–20 Minuten und Briketts 25–35 Minuten Zeit, bis sie glühen. Briketts sind von einer dünnen Ascheschicht bedeckt, wenn sie durchgeglüht sind; Holzkohlestücke haben an den Rändern eine Ascheschicht. Warten Sie nicht zu lange, sonst bleibt nur pulverisierte Kohle übrig.

DIREKTE ODER INDIREKTE HITZE?

Ausreichende Hitze ist das eine, doch wie Sie mit der Hitze umgehen, ist die wirklich entscheidende Frage. Sie haben die Wahl, mit direkter oder indirekte Hitze zu grillen bzw. zu räuchern oder sogar mit beidem.

DIREKTE HITZE. Bei direkter Hitze liegt das Grillgut über starker strahlender Hitze, beispielsweise über glimmenden Kohlen oder dem Gasfeuer. Diese Art des Garens wird meist als Grillen bezeichnet, doch direkte Hitze kann auch beim Räuchern wunderbare Geschmacksergebnisse erzielen.

Direkte Hitze bietet sich für zarte kleine Stücke mit kurzer Garzeit an, wie Hamburger, Steaks, Koteletts, Hähnchenbrustfilets, Fischfilets, Krustentiere und Gemüsescheiben. Die starke Hitze versiegelt regelrecht die Oberfläche des Garguts, wodurch sich neben köstlichen Aromen eine schöne Kruste bildet und das Gargut im Kern saftig bleibt

INDIREKTE HITZE. Bei indirekter Hitze befindet sich die Glut auf einer oder auf beiden Außenseiten des Kohlerosts. Das Grillgut liegt über dem Bereich ohne Glut. Oder es wird vor der Glut abgeschirmt. Beim Gasgrill sieht das dann so aus: Die rechten und linken Brenner brennen, die mittleren Brenner nicht. Das Gargut liegt in der Mitte und räuchert so über indirekter Hitze.

Indirekte Hitze ist die bessere Wahl für größere Stücke mit längerer Garzeit, beispielsweise Braten, ganze Hähnchen und Ribs. Ebenso können Zutaten mit dickem Durchmesser oder Fleischstücke mit Knochen, die zuerst über direkter Hitze gegrillt und gebräunt wurden, über indirekter Hitze langsam fertiggaren.

EIN BISSCHEN VON JEDER HITZE.
Manchmal ist es empfehlenswert, sowohl die direkte als auch die indirekte Hitze zu nutzen – auch beim Räuchern. Beispielsweise können Hähnchenkeulen mit Knochen zuerst über direkter Hitze knusprig gebräunt und anschließend über indirekter Hitze langsam durchgegart werden. Würden die Teile nur über direkter Hitze gegrillt, könnten sie außen leicht verbrennen, bevor sie innen gar sind.

Die Kombination beider Methoden ermöglicht knusprige Haut einerseits und perfekt durchgegartes Fleisch andererseits. Wenn Sie die Keulen räuchern möchten, brauchen Sie nur Holz-Chips auf die Glut oder in die Räucherbox des Gasgrills zu geben, nachdem das Fleisch über die indirekte Hitze gelegt wurde.

GRILLGERÄTE

Die meisten Kulturhistoriker sind sich darüber einig, dass die ersten Räuchergrille nichts anderes als Gestelle aus Ästen und Zweigen waren, die hoch über rauchender Glut angebracht wurden, um Fische oder Fleisch zu räuchern und so zu konservieren. Schließlich wurde irgendwann herausgefunden, dass sich der Räucherprozess viel besser steuern lässt, wenn sich Lebensmittel und Feuer in einem geschlossenen System befinden. Heutzutage gibt es unterschiedliche geschlossene Räuchergrills. Hier werden die gängigsten vorgestellt.

HOLZKOHLEGRILL. Mit ihm wird meist nur gegrillt – doch Grillen und Räuchern gehören beim Outdoor-Kochen eng zusammen. Weil die meisten Leute einen Holzkohlegrill besitzen, sollten sie ihn für die ersten Räucher-Experimente verwenden. Am besten beginnen Sie damit, eine Holzkohleglut auf einer Seite des Kohlerosts zu entfachen. Das Grillgut wird auf die andere Seite gelegt (natürlich auf den Grillrost). Werden nun ein paar Holz-Chips auf die Glut gegeben und der Deckel des Grills geschlossen, beginnt das Räuchern. Damit es erfolgreich verlaufen kann, müssen Sie die Hitze steuern, also die Glut beobachten und die Sauerstoffzufuhr mit den Lüftungsschlitzen regulieren. Sie sind also aktiv am Räucherprozess beteiligt.

RÄUCHERGRILL. Beim Räuchern ist häufig eine sehr schwache Hitze erforderlich; das bedeutet, dass relativ wenige Kohlen am Brennen gehalten werden – eine durchaus anspruchsvolle Herausforderung. Der Räuchergrill übernimmt nun einen großen Teil dieser Aufgabe. Er kann eine Hitze von 95–120 °C mindestens 4 Stunden lang konstant halten, oft sogar noch länger (je nach Brennstoff). Dieses Weber-Gerät ist geformt wie eine senkrecht stehende Patrone. Es besteht aus drei Elementen. Kohle und Holz brennen im unteren Bereich, der mit Lüftungsschlitzen ausgestattet ist und mit deren Hilfe sich die Sauerstoffzirkulation regulieren lässt. Die Wasserpfanne in der Mitte fungiert wie ein Schild zwischen Kohle und Grillgut – so wird indirekte Hitze erzeugt. Die Zutaten liegen auf einem oder zwei Grillrosten über der Wasserpfanne. Den oberen Bereich bildet der gewölbte Deckel, der ein Thermometer und einen verstellbaren Lüftungsschlitz hat.

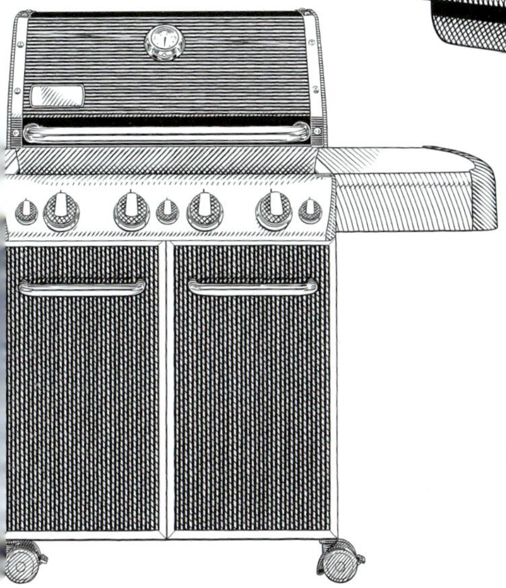

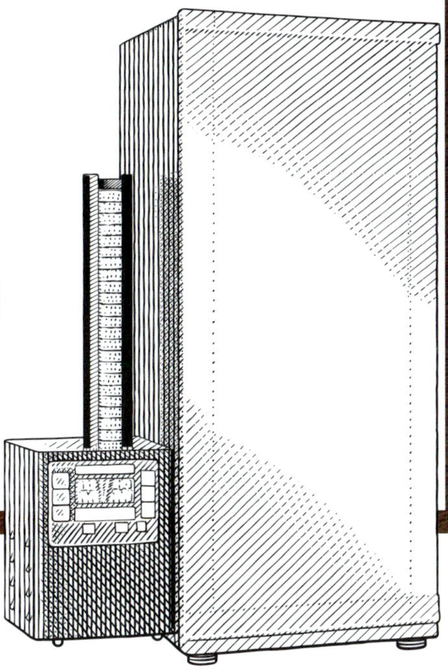

GASGRILL. Tatsächlich lassen sich mit einem Gasgrill sehr gute Räucherergebnisse erzielen. Fische, Wurst und Fleisch werden im großen Stil überall auf der Welt in Gas-Räucheröfen geräuchert. Der Vorteil von mit Gas betriebenen Räucheröfen besteht darin, dass sich ideale Räuchertemperaturen sehr leicht halten lassen. Was für die kommerziellen Geräte gilt, trifft auch für die Haushalts-Gasgrills zu: Sobald ein Gasgrill die richtige Hitze erreicht hat und Holz-Chips in der metallenen Räucherbox verbrennen, kann fast jede Zutat damit geräuchert werden – mit hervorragenden Resultaten. Meist wird das Grill- bzw- Räuchergut dabei über indirekter Hitze geräuchert. (Das heißt, es brennen nur einige Brenner, und die Zutat liegt über einem ausgeschalteten Brenner.) Indem die Brenner-Temperatur unter der Räucherbox reguliert wird, lässt sich bestimmen, wie schnell die Chips ihren aromatisierenden Rauch abgeben.

SMOKER. Hier brennen Holzkohle und Holz in einer speziellen Kammer (der Firebox oder Brennkammer), die sich abseits der eigentlichen Garkammer befindet. Dank dieser Konstruktion kann die Garkammer nicht zu heiß werden. An der Außenseite der Brennkammer befindet sich ein Lüftungsschlitz, mit dem sich die Luftzufuhr regulieren lässt. Außerdem gibt es noch einen Lüftungschlitz am Kamin über der Garkammer, mit dem die Geschwindigkeit, mit der Luft und Rauch durch den Smoker ziehen, reguliert werden kann. Das Gerät ist eine Weiterentwicklung der einfachen Barrel Smoker früherer Zeiten: Leere Ölfässer wurden längs aufgeschnitten und aufgeklappt, ein Grillrost wurde hineingesetzt, die Fässer auf die Seite gelegt, sodass Glut und Holz auf einer Tonnenseite brannten und das Grillgut auf der anderen Seite geräuchert wurde.

RÄUCHERSCHRANK. In diesem Gerät können 12 Kilogramm Lebensmittel (und mehr) auf einmal geräuchert werden. Die Konstruktion ähnelt der des Räuchergrills, da Brenn- und Garkammer voneinander getrennt sind. Die ersten Räucherschränke wurden aus alten Kühlschränken hergestellt – diese waren billig und hatten dicke Wände. Weil das Prinzip gut funktioniert, haben es manche Hersteller übernommen und haben eine digitale Technik integriert, die es ermöglicht, Hitze, Räucherzeit und sogar Rauchmenge zu programmieren. Letztere wird meist von einer kleinen Menge Holz-Pellets erzeugt, die nach und nach in eine elektrische Brennkammer gefüllt werden – ein vollautomatisches Räuchererlebnis.

UNVERZICHTBARE HELFER

GRILLZANGE

Das mit Abstand am meisten gebrauchte Zubehör. Man sollte drei Grillzangen parat haben: eine für die Handhabung von rohem Fleisch, eine für gegartes Grillgut und eine dritte zum Umplatzieren der Holzkohle. Die Zangen sollten schwer, stabil und mindestens 40 cm lang sein. Außerdem sollten sie robuste Metallgreifer haben, handlich und spülmaschinenfest sein. Praktisch ist ein Sperrmechanismus, der die Zange in der geschlossenen Stellung arretiert, wenn sie nicht benutzt wird.

ANZÜNDKAMIN

Mit ihm bringt man mühelos und schneller als mit jeder anderen Anzündhilfe Holzkohle und Grillbriketts gleichmäßig zum Glühen. Er sollte ein Fassungsvermögen von mindestens 5 Liter (für 80–100 Briketts) haben. Und zwei Griffe sind besser als einer: ein Griff an der Seite zum Hochheben und ein Scharniergriff oben, um die Kohle auf den Grill zu schütten.

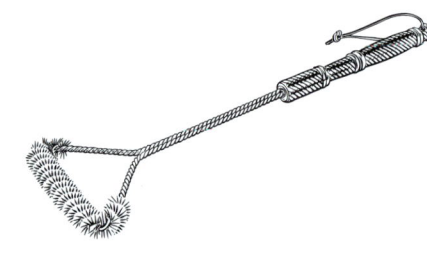

GRILLBÜRSTE

Damit wird der Rost vor dem Grillen und auch währenddessen gereinigt. Wählen Sie ein stabiles Modell mit langem Stiel und Borsten aus rostfreiem Stahldraht.

DIGITALES FLEISCH-THERMOMETER

Damit können Sie den Garzustand des Grillguts perfekt prüfen, egal ob Sie ein preiswertes oder ein teures Thermometer verwenden. Idealerweise sollte der Sensor nahe der Thermometerspitze liegen, so können Sie die Temperatur in dem gewünschten Bereich der Zutat genau messen.

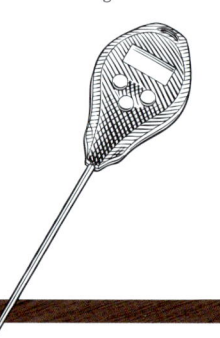

GRILLHANDSCHUHE

Leisten Sie sich gut verarbeitete Handschuhe aus hochwertigem Material, die eine Weile halten.

EINWEG-ALUSCHALEN

Die sollten Sie immer griffbereit haben. Sie sind vielseitig einsetzbar, zum Beispiel zum Einweichen von Holz-Chips, als Ersatz für eine Wasserpfanne oder nur zum Ablegen des Grillguts. Ebenso können sie als Grillschale verwendet werden, um kostbaren Bratfond aufzufangen.

KOTELETT- ODER SPARERIB-HALTER

Dieses äußerst praktische Zubehör hält Rippchen (Ribs) aufrecht auf dem Grill. So passen etwa vier Spareribs darauf statt nur zwei, die flach auf den Grill gelegt werden.

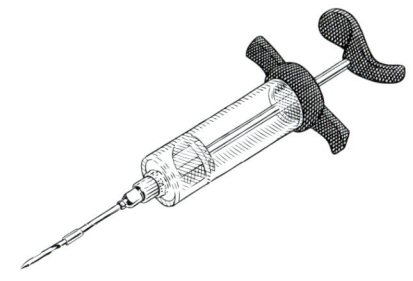

SPRITZE

Einer der Geheimtipps von vielen Grillprofis ist, das Fleisch vor dem Räuchern mit einer würzigen Marinade oder Lake zu »impfen«. Mit diesem Werkzeug lässt sich die Flüssigkeit gleichmäßig in das Fleisch injizieren.

MEHLSIEB

Mit seiner Hilfe können Sie Ihre Lieblingswürzmischung mit ein paar Handumdrehungen schnell und gleichmäßig auf dem Fleisch verteilen.

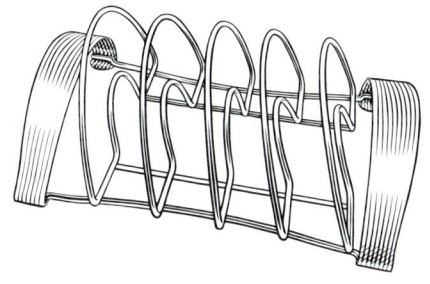

BLECHWANNE

Grillprofis schütten die heiße Asche in eine solche Wanne, um sie darin abkühlen zu lassen und dann zu entsorgen. Auch den heißen Anzündkamin kann man darin gut abstellen. Die Wanne stets auf einen nicht brennbaren Untergrund stellen.

TIMER

Wenn die Grillzeit entscheidend ist, dann ist ein Kurzzeitwecker ein Muss. Die besten Modelle haben extragroße Ziffern, einen lauten Alarmton, und die Zeit lässt sich sowohl vorwärts als auch rückwärts einstellen.

SPRÜHFLASCHE

Füllen Sie eine Flasche mit Apfelsaft und Essig. Geräuchertes Fleisch, das mit dieser Mischung besprüht wird, bleibt feucht.

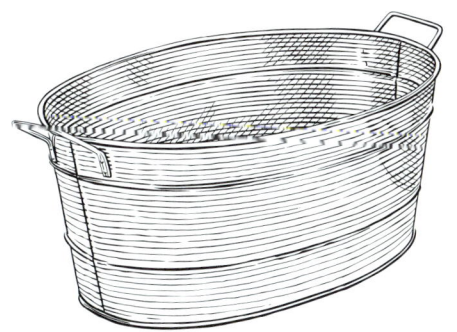

DER RAUCH

Welches Holz zum Räuchern am besten geeignet ist – darüber gibt es viele unterschiedliche Meinungen. Letztendlich entscheidet der persönliche Geschmack über die Wahl des Räucherholzes. Wenn Sie den Rauch einer bestimmten Holzart zu einem bestimmten Stück Fleisch bevorzugen, dann ist das für Sie die richtige Wahl! Wer noch keine Erfahrung mit dem Räuchern hat, sollte sich erst einmal nach den Vorschlägen auf den nächsten Seiten richten und danach entscheiden, was gefällt und was nicht. Auch das gehört zum Grillvergnügen.

Zum Räuchern werden sowohl Holz-Chips als auch Holzstücke angeboten. Sie werden etwas unterschiedlich angewendet.

HOLZ-CHIPS. Die kleinen Holzspäne sind grob gespalten und haben daher eine große Oberfläche. Sie sollten mindestens 30 Minuten in Wasser einweichen. Andernfalls fangen sie leicht Feuer und erhöhen so die Hitze im Grill. Nach dem Einweichen die Chips einfach auf die Glut oder in die Räucherbox des Gasgrills geben. Ein paar Handvoll Chips sorgen 10–20 Minuten für Rauch, je nach Hitze des Feuers. Die einzige Ausnahme: Wenn kurzzeitig heftige Flammen und starke Hitze im Grill erzeugt werden sollen, kann man trockene Holz-Chips auf die Glut geben.

HOLZSTÜCKE. In der Größe variieren sie von Golfball- bis Tennisballgröße. Faustgroße Stücke, die normale Version, schwelen ein paar Stunden auf der Glut. Für die Räucherbox des Gasgrills sind sie allerdings zu groß. Sie brauchen nicht eingeweicht zu werden, da das Wasser ohnehin nur ein paar Millimeter tief eindringen würde. Wenn Sie nicht möchten, dass die Holzstücke auf der Glut Feuer fangen (das kann durchaus passieren), legen Sie sie an den Rand der glühenden Kohlen.

GRILL-PAPIER. Ein neuer Held auf der Räucherbühne: papierdünne Holzblätter, meist aus Zedernholz. Auch sie müssen mindestens 10 Minuten einweichen. Dann ist das Papier so weich, dass Sie jedes Räuchergut hineinwickeln können. Das Ganze muss dann nur noch mit Küchengarn zusammengebunden und auf den Grill gelegt werden. Das Papier gibt ein leichtes, süßliches Räucheraroma ab.

RÄUCHERBRETTER. Die dünnen Bretter gibt es in unterschiedlichen Größen: in kleinen Quadraten, auf die gerade ein Kotelett passt, bis zu Rechtecken, auf denen ein ganzer Lachs Platz hat. Räucherbretter müssen immer mindestens 1 Stunde wässern, bevor man sie auf dem Grill ankohlen lässt. Sobald das Brett auf einer Seite Rauch entwickelt, das Brett umdrehen, das Grillgut darauflegen und räuchern.

WAS PASST ZUSAMMEN?

Holzrauch kann unterschiedlich stark und aromatisch sein, die Palette reicht von schwach bis intensiv. Es bietet sich an, die Intensität und das Aroma des Rauchs dem Geschmack des jeweiligen Räucherguts anzupassen. In der Tabelle rechts finden Sie Vorschläge dazu.

Übrigens: Sie brauchen sich nicht für eine einzige Holzart zu entscheiden. Manchmal ergibt sich ein viel schönerer Rauch aus der Mischung von zwei oder drei verschiedenen Hölzern. Wenn Sie beispielsweise Hickory- und Apfelholz zu gleichen Teilen mischen, entsteht ein süßlich duftender Rauch, der so stark ist, dass er Spareribs oder einen Brisket-Braten herrlich würzt. Wer experimentierfreudig ist, sollte auch einmal die folgenden Räucherzutaten ausprobieren:

eingeweichte Kardamomkapseln
Kräuterstängel
Lavendelzweige
eingeweichte schwarze Pfefferkörner
Rosmarinzweige
Teeblätter
Weinreben
eingeweichte Zimtstangen

VORSICHT. Die Versuchung ist groß, einfach irgendein Holz, wie abgefallene Zweige aus dem Garten, auf den Grill zu werfen. Doch bedenken Sie: Weiche, harzreiche Holzsorten, beispielsweise Pinie, auch Holunder, erzeugen einen beißenden Rauch, der sogar giftig sein kann oder zumindest nicht schmeckt, wie beispielsweise der von Nadelhölzern. Außerdem sollten Sie sich immer vergewissern, dass nichts, das Sie zum Räuchern verwenden, chemisch behandelt worden ist. Denn: Was im Rauch ist, landet auch im Essen.

HOLZART	EIGENSCHAFTEN	PASST ZU
Erle	**MILD:** zartes Aroma, das besonders gut zu Fisch passt	Lachs, Schwertfisch, Stör, anderem Fisch, Hähnchen, Schwein
Apfel	**MILD:** süß-säuerlich, mit fruchtigem Aroma	Rind, Geflügel, Wildgeflügel, Schwein (v. a. Schinken)
Kirsche	**MILD:** süßlich, mit fruchtigem Aroma	Geflügel, Wildgeflügel, Schwein
Birne und Pfirsich	**MILD:** süßlich, mit holzigem Aroma	Geflügel, Wildgeflügel, Schwein
Ahorn	**MITTEL:** leicht rauchig, mit süßlichem Aroma	Geflügel, Gemüse, Schinken
Eiche	**MITTEL:** intensives, aber angenehmes Aroma, manchmal etwas säuerlich. Harmoniert gut mit anderem, süßerem Holz	Rind (v. a. Brisket-Braten), Geflügel, Schwein
Pekan	**MITTEL:** intensives Aroma, dezenter als Hickory, aber ähnlich im Geschmack. Brennt bei niedriger Temperatur; ideal für ganz schwache Hitze	Schwein, Hähnchen, Lamm, Fisch, Käse
Mesquite	**STARK:** eine Klasse für sich. Starker, intensiver Rauch, der fast bitter ist	Rind und Lamm
Hickory	**STARK:** scharf, rauchig, an Schinken erinnerndes Aroma	Schwein, Hähnchen, Rind, Wildgeflügel, Käse

RÄUCHERN MIT DEM HOLZKOHLEGRILL

Räuchern auf dem Holzkohlegrill funktioniert am besten mit einer Zwei-Zonen-Glut. Das bedeutet ganz einfach, die Kohle liegt auf einer Seite des Kohlerosts, die gegenüberliegende Seite bleibt frei. So hat man zwei Zonen, eine mit direkter Hitze und eine mit indirekter Hitze.

DEN GRILL VORBEREITEN

1]

[Als erstes das Holz zum Räuchern bereitstellen. Wenn Chips benötigt werden, diese mindestens 30 Minuten einweichen; so verbrennen sie nicht auf dem Grill, sondern schwelen eher. Holzstücke werden nicht eingeweicht. Die Holzkohle anzünden, wie auf Seite 10 gezeigt. Meistens braucht man nur eine kleine Lage Kohle zum Räuchern, deshalb den Anzündkamin nur etwa zur Hälfte füllen. Mit dem oberen Scharniergriff kann man den Kamin anheben und platzieren, wo man ihn braucht. Auch dafür immer Grillhandschuhe tragen.]

2]

[Die glühende Kohle auf eine Seite des Kohlerosts schütten – entweder direkt auf den Rost oder in einen Kohlekorb. Den leeren Anzündkamin auf einer hitzebeständigen Unterlage beiseitestellen, außer Reichweite von Kindern und Tieren. Kohlen, die direkt auf dem Rost liegen, mithilfe einer langen Grillzange so arrangieren, dass sie den Rost zu einem Drittel bis zur Hälfte bedecken oder je einen Kohlekorb rechts und links und die Wasserschale in der Mitte platzieren. Die Kohlen können auch in doppelter Lage liegen, höher ist aber nicht ratsam. Denken Sie daran, dass Sie möglicherweise nur mittlere oder schwache indirekte Hitze benötigen. Deshalb besser mit einer kleineren Kohlemenge beginnen – nachlegen kann man immer.]

3]

[Für Rezepte, die mehr als 30 Minuten Grilldauer erfordern, stellen Sie eine Wasserpfanne (z.B. eine Einweg-Aluschale) auf die leere Seite des Kohlerosts. Füllen Sie Pfanne oder Schale zu zwei Dritteln mit Wasser. In die Schale tropfen dann beim Grillen Fett und Säfte. Außerdem trägt das Wasser dazu bei, die Grilltemperatur niedrig zu halten bzw. auszugleichen, und es

gibt dem Grillgut ein wenig Feuchtigkeit. Asche, die sich jetzt am Boden der Ascheschale an den Luftschlitzen angesammelt hat, mit einer Grillzange wegschieben, weil zu viel Asche die Sauerstoffzirkulation im Gerät beeinträchtigen kann. Vergewissern Sie sich, dass die unteren Lüftungsschlitze ganz geöffnet sind. Jetzt wird der Grill angeheizt.]

4]

[Den Grillrost einhängen. Wenn Ihr Rost aufklappbare Seiten hat, hängen Sie eine dieser Seiten über die Kohle, dann können Sie, falls nötig, ganz einfach Kohle nachfüllen, ohne den Rost abnehmen zu müssen. Dann den Grilldeckel schließen und den oberen Lüftungsschlitz ganz öffnen. Jetzt muss man abwarten, bis die benötigte Hitze erreicht ist (siehe rechts unten). Bedenken Sie dabei, dass die Temperatur, solange die Kohle brennt, erst einmal absinkt. Sobald die Temperatur die erwünschte Obergrenze erreicht hat, den Deckel öffnen und mit einer langstieligen Grillbürste alles, was am Grillrost haftet, entfernen.]

5]

[Die eingeweichten Holz-Chips abtropfen lassen und auf der Glut verteilen. Die Chips sollen feucht sein, aber nicht tropfnass, weil sie sonst die Glut löschen könnten. Auch jetzt fällt die Temperatur noch einmal, aber sobald die Chips schwelen, steigt sie wieder. Den Grill schließen und warten, bis Rauch aus dem Gerät dringt. Den Deckel abnehmen und das Grillgut nach Rezept auf dem Grillrost verteilen. Den Deckel schließen, und zwar so, dass die Lüftungsschlitze gegenüber der Glut positioniert sind; dadurch werden Hitze und Rauch über das Grillgut nach draußen gezogen.]

6]

[Wenn Sie länger als 30 Minuten grillen, müssen Sie eventuell irgendwann Kohle nachlegen. Herkömmliche Kohlebriketts vorher im Anzündkamin komplett vorglühen lassen, damit während des Anbrennens austretende Aromastoffe der Briketts sich nicht auf das Grillgut übertragen. Holzkohle oder -briketts aus Hartholz produzieren während des Anbrennens keine unerwünschten Aromen, sodass man diese auch kalt auf den Grill geben kann.

Die Sauerstoffzufuhr wird mit den Lüftungsschlitzen reguliert. Je mehr Sauerstoff zugeführt wird, desto heißer ist die Glut, und desto öfter muss man nachlegen. Um das zu vermeiden, lassen Sie den Deckel möglichst immer geschlossen; die oberen Lüftungsschlitze sollten während des Grillens (fast) immer geöffnet sein. Nach zwei Dritteln der Grillzeit dann die Schlitze schließen.

Alle Kohlesorten verbrennen zu Asche, sobald die brennbaren Kohlenstoffe verbrannt sind. Wenn sich zu viel Asche in der unteren Ascheschale sammelt, kann sie die Lüftungsschlitze verdecken und die Sauerstoffzufuhr reduzieren; dabei kann die Glut sogar erlöschen. Deshalb am besten stündlich die Asche von den Schlitzen entfernen.]

WIE HEISS SOLL DIE GLUT SEIN?

[Fünf Temperaturbereiche stehen zur Verfügung:

- starke Hitze: 230–290 °C
- mittlere Hitze: 175–230 °C
- schwache Hitze: 120–175 °C
- sehr schwache Hitze: 95–120 °C
- extrem schwache Hitze: um 80 °C

Am einfachsten lässt sich die Hitze im Grill mit einem im Deckel integrierten Thermometer messen. Andernfalls müssen Sie mit der »manuellen Methode« prüfen: Die Handfläche im Abstand von 12–15 cm über den Grillrost halten. Die Dauer, wie lange Sie das aushalten, ist die Skala: Starke Hitze ertragen Sie 2–4 Sek., mittlere Hitze 5–7 Sek., schwache Hitze 8–10 Sek., sehr schwache Hitze 11–12 Sek. und extrem schwache Hitze 13–15 Sek.]

RÄUCHERN MIT DEM RÄUCHERGRILL

Mit einem Räuchergrill kann man Lebensmittel bei konstanten Temperaturen unter 120 °C über mehrere Stunden räuchern – mit einem simplen Holzkohlegrill ist das nicht ganz so einfach. Ein gängiger Räuchergrill ist ein senkrechter Zylinder mit drei Abteilungen. Die Kohle brennt im unteren Bereich. In der Mitte befindet sich eine Wasserpfanne, die abtropfendes Fett auffängt und – das ist noch wichtiger – durch das Wasser die Temperatur konstant niedrig hält. Das Grillgut liegt auf einem oder zwei Rosten im mittleren Bereich. Obenauf liegt der Deckel mit einem wichtigen Ventil und einem Thermometer.

DEN GRILL VORBEREITEN

1]

[Zuerst den gesamten oberen und mittleren Teil des Grills abnehmen. Den Kohlerost im unteren Bereich einhängen und den Kohlering darauflegen. Den Anzündkamin bis oben mit Holzkohlebriketts oder mit Holzkohlestücken füllen und in den Ring leeren; gleichmäßig verteilen. Nun den Anzündkamin eines Räuchergrills, je nach Größe, ganz oder nur zur Hälfte füllen und die Kohle wie auf Seite 10 beschrieben anzünden.]

2]

[Die Briketts, sobald sie von einer dünnen Ascheschicht überzogen sind (bzw. die Kohlestücke an den Rändern glühen), vorsichtig auf die Briketts auf dem Rost schütten und verteilen. Mit der Zeit brennen alle Kohlen, und das Feuer erwacht.]

3]

[Die leere Wasserpfanne im mittleren Teil einhängen. Den Zugang zur Kohle schließen. Den mittleren Teil auf das Unterteil setzen.]

4]

[Kurz bevor die Wasserpfanne richtig heiß ist, diese drei Viertel hoch mit heißem Wasser füllen. Als nächstes die zwei Grillroste im mittleren Teil einsetzen und den Deckel schließen. Ein Räuchergrill hat Lüftungsschlitze unten und im Deckel.]

6]

[Den Deckel abnehmen und das Grillgut zuerst auf dem unteren Rost verteilen. Wenn Sie beide Roste benutzen, sollten Sie bedenken, dass Fett und Säfte von oben nach unten tropfen. Tropft es von einer Schweineschulter auf einen Rinderbraten, ist das vielleicht ganz in Ordnung, doch weniger gut ist es, wenn das Fett vom Rinderbraten auf ein Lachsfilet tröpfelt.

Den Grill schließen. Abwarten, bis die Temperatur wieder im erwünschten Bereich liegt. Oft sinkt die erst einmal ab, wenn das kalte Fleisch auf dem Grill liegt. Ist die Hitze zu schwach, den oberen Lüftungsschlitz ein wenig weiter öffnen. Ist sie zu stark, den Schlitz höchstens zur Hälfte schließen – niemals ganz.]

5]

[Jetzt den oberen Lüftungsschlitz öffnen und die unteren Schlitze zur Hälfte schließen. Warten, bis der ideale Temperaturbereich zwischen 110 und 120 °C erreicht ist. Den Zugang zur Kohle öffnen und mit einer langen Grillzange so viele trockene Holzstücke hineinlegen, wie im Rezept angegeben sind. Die Öffnung schließen und ein paar Minuten warten, bis Rauch aus dem Deckelschlitz steigt.]

DIE GLUT PFLEGEN

Ein Räuchergrill kann die Temperatur über mehrere Stunden zwischen 110 und 120 °C konstant halten, ohne dass Kohle nachgelegt werden muss.

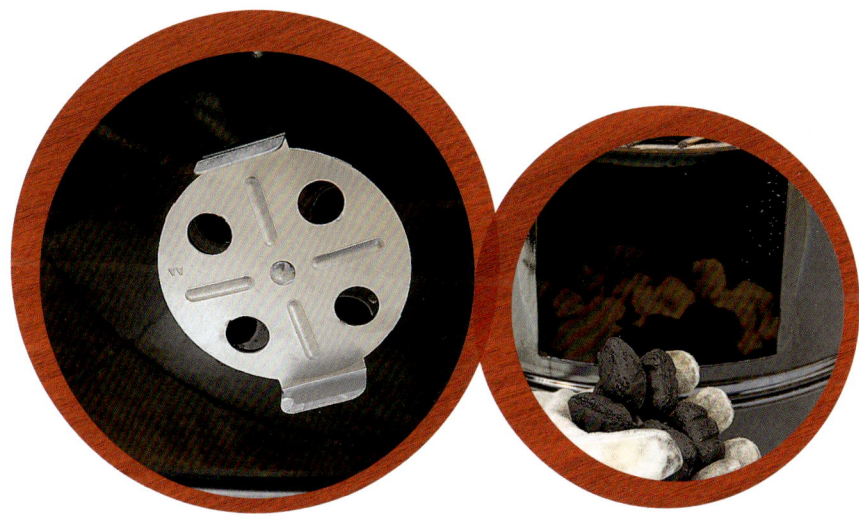

[Einer der Gründe dafür ist die Wasserpfanne. Sie befindet sich zwischen Glut und Grillgut und reguliert die Hitze (bis zu einem gewissen Grad), indem sie Hitze abgibt oder aufnimmt. Je weniger Sauerstoff in den Grill gelangt, desto schwächer wird die Hitze. Soll sie ansteigen, müssen die Lüftungsschlitze geöffnet werden. Sie können auch kalte oder glühende Kohle nachlegen, bei einer Grilldauer von weniger als 4 Stunden ist das meist jedoch nicht nötig. Herkömmliche Briketts verströmen zu Beginn oft ein bitteres Aroma, das den Geschmack des Grillguts verderben kann, deshalb sollten Sie diese erst separat anbrennen lassen – oder Kohlestücke nehmen. Öffnen Sie den Deckel so selten wie möglich. Sobald aus der oberen Öffnung kein Rauch mehr strömt, können weitere Holzstücke auf die Glut gelegt werden – aber nicht zu viele und nicht zu oft, damit nicht zu viel und zu intensiver Rauch entsteht. Der Rauch sollte ganz leicht ausströmen und das Grillgut nicht mit dicken Schwaden umnebeln.

Füllen Sie alle paar Stunden die Wasserpfanne auf, damit die Hitze konstant bleibt.]

RÄUCHERN MIT DEM GASGRILL

Den Gasgrill zum Räuchern vorzubereiten ist eigentlich kinderleicht, vor allem, wenn der Grill mit einer Räucherbox ausgestattet ist. Es geht allerdings auch ohne. Als erstes muss die im Rezept angegebene Menge an Holz-Chips mindestens 30 Minuten in Wasser einweichen. Ansonsten besteht die Gefahr, dass die Chips verbrennen, statt zu schwelen, und mehr Flammen als Rauch produzieren.

DEN GRILL VORBEREITEN

2]

[Nun langsam das Gasventil öffnen und kurz warten, bis Gas durch die Leitungen strömt.]

1]

[Beachten Sie alle Sicherheitshinweise beim Vorbereiten eines Gasgrills.

Zuerst den Grilldeckel öffnen, damit ausströmendes Gas sich nicht in der Räucherbox sammeln kann.]

3]

[Die Brenner anzünden, auch den speziellen unter der Räucherbox, und auf starke Hitze stellen. Den Deckel schließen und den Grill 10–15 Min. vorheizen.

Sobald die Temperatur 290 °C erreicht hat, die Grillplatten mit einer langstieligen Grillbürste säubern. Meistens räuchert man über indirekter (und fast immer schwacher) Hitze. Den oder die mittleren Brenner ausschalten, die äußeren auf die gewünschte Temperatur herunterschalten. Der Brenner unter der Räucherbox bleibt auf starke Hitze eingestellt, damit die Holz-Chips schnell zu rauchen beginnen. Sobald Rauch sichtbar wird, den Brenner auf mittlere oder niedrige Hitze stellen, um die Holz-Chips langsam schwelen zu lassen.]

5]

[Das Grillgut mittig auf den Grillrost legen, über den oder die ausgeschalteten Brenner. Den Deckel sofort schließen und das Grillgut garen.

Beim Gasgrill wird die Temperatur nicht durch Öffnen und Schließen von Lüftungsschlitzen reguliert, sondern durch das Drehen der Schaltknöpfe. Meistens stellt man während des Grillens einen oder zwei der Hauptbrenner nach. Für das Räuchern bei ganz schwacher Hitze (unter 120 °C) alle Hauptbrenner ausstellen und die Hitze nur mit dem Brenner unter der Räucherbox regulieren. Denken Sie daran, dass der Hauptteil des Rauchs sich um die Räucherbox sammelt. Je näher bei ihr das Grillgut liegt, desto mehr Räucheraroma nimmt es auf.]

4]

[Mit einer langstieligen Grillzange den Deckel der Räucherbox öffnen. Ein paar Holz-Chips mit der Zange fassen, abtropfen und in die Räucherbox fallen lassen. Die Chips so ausbreiten, dass sie den Boden der Box bedecken und möglichst viele direkt über der Hitze unter der Box liegen. Nach und nach so viele Chips in die Box geben, wie im Rezept

angegeben. Den Deckel der Räucherbox schließen.

Den Grill schließen und ein paar Minuten warten, bis Rauch aufsteigt. Jetzt ist es Zeit, die Hitze des Brenners unter der Räucherbox zu senken und das Grillgut in den Grill zu legen.]

WENN IHR GRILL KEINE INTEGRIERTE RÄUCHERBOX HAT

EINE RÄUCHERBOX ANSCHAFFEN

Im Fachhandel gibt es schwere, dickwandige Räucherboxen aus Edelstahl, die man auf den Grillrost setzt. Das Metall leitet die Grillhitze zu den Holz-Chips in der Box. Die Löcher im Deckel führen den aromatischen Rauch über das Grillgut. Wenn die Chips ausgeraucht sind, kann man den Deckel ganz leicht öffnen und weitere Chips einlegen.

EINE RÄUCHERBOX SELBER MACHEN

Abgetropfte Holz-Chips in eine Aluschale legen, die Schale mit Alufolie schließen und Löcher in die Folie stechen, damit der Rauch ausströmen kann. Die Schale direkt auf den Brennerschutz eines kalten Brenners stellen, am besten in einer hinteren Ecke. Den Grillrost einsetzen. Den Grill einschalten, alle Brenner auf starke Hitze stellen und den Deckel schließen. Sobald Rauch aufsteigt, können Sie mit dem Räuchern beginnen, dabei die Hitze bei Bedarf regulieren. Diese Schale kann man nicht mit frischen Chips auffüllen, aber für den Anfang sollte es genügen.

MEHR GESCHMACK

Beim Räuchern sollten Sie immer daran denken, dass die Hauptzutat sozusagen der Leadsänger in einer Rockband ist. Jede andere Zutat, inklusive des Rauchs, sollte die Hauptzutat nur unterstützen.

Es wäre eine Schande, einen von Natur aus wunderbaren, schön marmorierten Sparerib-Strang unter einer dicken Gewürzschicht und in Sauce zu ersticken. Aber natürlich kann man den Geschmack fast jeder noch so köstlichen Hauptzutat mit ein paar klug gewählten Aromazutaten verbessern oder unterstützen. Mit einer Würzmischung oder Marinade, durch das Einlegen in eine Pökellake oder mit einer Sauce können Sie einem Gericht eine landestypische oder auch Ihre individuelle Note geben. Das Beherrschen eines ausgewogenen Zusammenspiels von Aromen und Rauch zeigt den wahren Meister.

WÜRZMISCHUNGEN. Hierfür werden gemahlene Gewürze, Kräuter und andere Geschmackszutaten, manchmal auch Zucker, gemischt. Oft werden sie in das Fleisch eingerieben, aber es ist eher zu empfehlen, eine solche Mischung mit ein wenig Abstand über das Fleisch zu streuen und so für eine gleichmäßige Verteilung zu sorgen. Außerdem wird die Oberfläche des Fleischstücks durch das Einreiben aufgeraut, was nicht empfehlenswert ist. Am besten wirkt die Mischung, wenn sie etwas Salz enthält, denn es sorgt dafür, dass die Aromen – auch das Raucharoma – besser eindringen können.

MARINADEN. Feuchte Marinaden benötigen etwas mehr Zeit als trockene Gewürzmischungen, dringen dafür aber mit der Zeit auch tiefer ein. Oft machen die Säurezutaten einer Marinade wie Essig oder Zitrussaft das Fleisch schon im Vorfeld mürbe. Eine gewisse Menge Öl gehört auch in eine Marinade; Öl kann beim längeren Räuchern von einem Stück Fleisch, Fisch oder Gemüse, das etwas substanzlos ist, sehr hilfreich sein. Die Rauchbestandteile sind fett- und wasserlöslich, weshalb die Feuchtigkeit einer Marinade durchaus dazu beitragen kann, dass das marinierte Lebensmittel das Raucharoma besser annimmt.

PÖKELLAKEN. Eigentlich sind sie nur die salzigen, intensiveren Geschwister einer Marinade, aber ihr hoher Salzgehalt lässt sie doch auf die Hauptzutat etwas anders wirken. Das Salz macht das Fleisch zugänglich für die Aufnahme von Feuchtigkeit und Aromen. Durch langes Räuchern kann Fleisch austrocknen – dem kann man durch das vorherige Einlegen in eine Pökellake vorbeugen.

SAUCEN. Grillsaucen, Glasuren, würzig Eingelegtes, langsam eingekochte Chutneys, Würzbutter, dünne Saucen zum Bestreichen während des Grillens, feine Vinaigretten – man kann gar nicht alles aufzählen. Die Welt der Saucen ist so vielfältig – wie soll man da wissen, welche Saucen am besten zu Geräuchertem passen und wie man sie macht? Antworten auf diese wichtigen Fragen finden Sie auf den nächsten Seiten.

CHECKLISTE FÜRS RÄUCHERN: DAS SOLLTE IM VORRAT SEIN

Die Kunst des Kochens beginnt immer mit den Zutaten. Was Sie dann damit machen, ist die nächste Kunst. Sie beherrschen sicherlich erprobte Techniken, können Ihrem Gefühl vertrauen und bringen etwas Fantasie mit? Die Zutaten, die man beim Räuchern fürs Komponieren von Gewürzmischungen, Marinaden, Pökellaken und Saucen immer wieder braucht, finden Sie hier.

IN DER SPEISEKAMMER
Olivenöl
Rapsöl
Ahornsirup
Honig
Melasse
Zucker (weiß und braun)
Kakaopulver
Tabasco
Tomatensauce
Tomatenmark
Ketchup
Hoisin-Sauce
Dijon-Senf
Apfelessig
Branntweinessig
Reisweinessig
Weißweinessig
Worcestersauce
Meerrettich
Raucharoma
Apfelsaft
Erfrischungsgetränke
Bier
Geflügel- und Rinderfond

IM GEWÜRZREGAL
Cayennepfeffer
Chilipulver
Currypulver
Fenchelsamen
Fünf-Gewürze-Pulver
Gewürznelken
Ingwer
Knoblauchgranulat
Koriander
Kreuzkümmel
Kurkuma
Meersalz (verschiedene)
Muskatnuss
Paprikapulver, geräuchertes
Pfeffer (weiß und schwarz)
Piment
Senf (Körner und Pulver)
Selleriesamen
Sesamsamen
Zimt
Zwiebelgranulat

IM KRÄUTERTOPF
Dill
Estragon
Koriandergrün
Lorbeerblätter
Majoran
Oregano
Petersilie
Rosmarin
Salbei
Thymian

WÜRZMISCHUNGEN ZUBEREITEN

FEURIG SCHARF

gemahlene Chilischoten
  (reines Chilipulver)
Chilipulver (Gewürzmischung)
schwarzer Pfeffer
Cayennepfeffer
Chiliflocken

SÜSS UND SÜSSLICH

Zucker
brauner Zucker (hell oder dunkel)
Zimtpulver
Piment
Chinesisches Fünf-Gewürze-Pulver
Gewürznelken
Muskatnuss

ERDIG-WARM

Kreuzkümmel
Paprikapulver
Korianderkörner
Selleriesamen

KRÄUTER
(getrocknet)

Thymian	Fenchel
Oregano	Lorbeer
Petersilie	Salbei
Rosmarin	Dill
Majoran	Basilikum

BEISSEND SCHARF

Knoblauchgranulat
Zwiebelgranulat
Senfpulver
gelbe Senfkörner
Kurkuma

SALZIG

Salz
Meersalz
Räuchersalz

Die besten Würzmischungen bestechen durch eine Komplexität, die so fein aufeinander abgestimmt ist, dass kein Gewürz geschmacklich dominiert. Wenn Sie eine Würzmischung kreieren möchten, wählen Sie zunächst Gewürze aus mindestens zwei der abgebildeten sechs Gruppen aus. Die nebeneinander stehenden Gruppen ergänzen sich jeweils in ihren Aromen. So vertragen sich scharfe Gewürze wie Chilipulver oder Cayennepfeffer besonders gut mit süßlichen wie braunem Zucker oder Zimt. Genauso ergänzen sich Gewürze mit erdigem Geschmack und getrocknete Kräuter wunderbar; die Kräuter unterstreichen das Aroma von Gewürzen wie Kreuzkümmel und Paprika einerseits, machen es aber auch leichter. Um das beißend-scharfe Aroma von Gewürzen wie Knoblauch- oder Zwiebelgranulat zu mildern, etwas mehr Salz zur Mischung geben.

MEXIKANISCHE MOLE-WÜRZMISCHUNG

 🔥🔥🔥

ERGIBT: etwa 4 EL

2 EL Cayennepfeffer
2 TL Kakaopulver
2 TL brauner Zucker
1 TL grobes Meersalz
1 TL frisch gemahlener schwarzer Pfeffer

Alle Gewürze in einer Schale mischen.

FRANZÖSISCHE BRATENWÜRZE

🔥

ERGIBT: etwa 3½ EL

2 EL grob zerstoßene Kaffeebohnen
2 TL grobes Meersalz
1 TL brauner Zucker
¾ TL frisch gemahlener schwarzer Pfeffer
½ TL Knoblauchgranulat

Alle Zutaten in einer Schale mischen.

EINWIRKDAUER VON WÜRZMISCHUNGEN

Zieht eine Würzmischung für längere Zeit ein, mischen sich die Gewürze mit Flüssigkeit des Grillguts (z. B. Fleischsaft). Beim Grillen entstehen daraus besonders ausgeprägte Aromen und eine Kruste. Eine Würzmischung mit reichlich Salz und Zucker entzieht Grillgut jedoch mit der Zeit Flüssigkeit: Es wird zwar aromatischer, aber auch trockener. Wie lange eine Würzmischung einwirken sollte, steht in der Tabelle rechts.

EINWIRKDAUER	GRÖSSE UND ART DES GRILLGUTS
bis zu 15 Min.	Kleinteiliges Grillgut wie Meeresfrüchte, Fleischwürfel, Fleischbällchen und geschnittenes Gemüse
15–30 Min.	Dünne Fleischstücke ohne Knochen wie Hähnchenbrust, Fischfilets, Schweinefilet und Steaks
30–90 Min.	Dickere Fleischstücke mit oder ohne Knochen wie Lammkeule, ganze Hähnchen oder Rinderbraten
2–8 Std.	Große oder robustere Fleischstücke wie Spareribs, ganzer Schinken, Schweineschulter und ganzer Truthahn

PFEFFRIGES ZITRONENSALZ

ERGIBT: etwa 2 EL
ZUBEHÖR: Gewürzmühle

2 Bio-Zitronen
4 TL grobes Meersalz
2 TL frisch gemahlener schwarzer Pfeffer

1. Den Backofen auf 200 °C vorheizen. Von den Zitronen mit dem Sparschäler die Schale in dünnen Streifen abschneiden. Schalen auf einem Backblech im Ofen in 40–45 Min. trocknen lassen; herausnehmen und abkühlen lassen.

2. In der Gewürzmühle die Schalen fein mahlen. Mit Salz und Pfeffer mischen. Sofort verwenden oder luftdicht verpackt bis zu 4 Wochen aufbewahren.

FÜNF-GEWÜRZE-MISCHUNG

ERGIBT: etwa 2 EL

1 TL Knoblauchgranulat
1 TL Fünf-Gewürze-Pulver
1 TL frisch gemahlener Pfeffer
1 TL gemahlener Koriander
1 TL grobes Meersalz

Alle Zutaten in einer Schale mischen.

STEAK-GEWÜRZ

ERGIBT: etwa 3 EL
ZUBEHÖR: Gewürzmühle

2 TL schwarze Pfefferkörner
2 TL gelbe Senfkörner
2 TL Paprikapulver
1 TL Knoblauchgranulat
1 TL grobes Meersalz
1 TL brauner Zucker
¼ TL Cayennepfeffer

Pfefferkörner und Senfkörner in der Gewürzmühle mahlen. Mit den restlichen Zutaten in einer kleinen Schale gründlich mischen.

SÜSS-SCHARFE WÜRZMISCHUNG

ERGIBT: etwa 50 g

2 EL brauner Zucker
2 TL gemahlener Zimt
2 TL getrockneter Thymian
2 TL grobes Meersalz
2 TL frisch gemahlener Pfeffer
1 TL frisch geriebene Muskatnuss
½ TL gemahlener Piment
½ TL gemahlene Muskatblüte (Macis)

Alle Zutaten in einer Schale mischen.

ANCHO-CHILI-WÜRZE

ERGIBT: etwa 100 g

3 EL grobes Meersalz
2 TL Cayennepfeffer
2 EL brauner Zucker
2 EL Knoblauchgranulat
1 EL gemahlener Kreuzkümmel
2 TL frisch gemahlener schwarzer Pfeffer

Alle Zutaten in einer Schale mischen.

PROVENCE-WÜRZMISCHUNG

ERGIBT: etwa 1½ EL

2 TL Kräuter der Provence
1 TL Selleriesamen
½ TL grobes Meersalz
¼ TL Knoblauchgranulat
¼ TL frisch gemahlener schwarzer Pfeffer

Alle Zutaten in einer Schale mischen.

PASST ZU

SCHWEIN
RIND UND LAMM
GEFLÜGEL
FISCH UND MEERESFRÜCHTE
GEMÜSE

MARINADEN ZUBEREITEN

SAURES
Essig
Zitrusfruchtsäfte
Tomaten
Wein
Joghurt

ÖLE
Olivenöl
geröstetes Sesamöl
Rapsöl

AROMATISCHES
Kräuter (frisch und getrocknet)
Gewürze
Würzmittel
fein gewürfeltes Gemüse
Zitrusschalen

In Marinaden können Sie im Prinzip hineingeben, was Ihnen schmeckt. Bevor Sie jedoch loslegen und wahllos Zutaten zusammenmischen, möchte ich Ihnen ein paar Tipps geben. Beginnen Sie mit den Basics: Das bedeutet etwas Säure, eine gute Portion Öl und viele gute Geschmackszutaten. Das Verhältnis von Säure zu Öl ist der entscheidende Punkt bei einem Salatdressing: ein Teil Säure zu drei Teilen Öl ist optimal. Dann kommen die anderen Zutaten dazu. Die Säure macht das Grillgut zart, vor allem auf der Oberfläche; das Öl gibt ihm Saftigkeit und Fülle. Und die anderen Zutaten? Nun, sie schmecken einfach gut.

Bereiten Sie eine säurehaltige Marinade in einem säurebeständigen Gefäß zu. Das kann eine Schale oder Schüssel aus Glas, Kunststoff, Edelstahl, Porzellan oder Keramik sein. Aluminium oder andere Metalle eignen sich nicht, sie reagieren mit der Säure, wodurch ein metallischer Geschmack entsteht.

ESTRAGON-ZITRUS-MARINADE

ERGIBT: etwa 250 ml

60 ml Olivenöl
4 EL grob gehackter Estragon
Schale und Saft von 1 Bio-Orange
Schale und Saft von 1 Bio-Zitrone
2 EL Sherry-Essig
2 TL grobes Meersalz
1 TL zerdrückter Knoblauch
1 TL frisch geriebener Ingwer
½ TL Chilipulver (Gewürzmischung)
½ TL frisch gemahlener schwarzer
    Pfeffer

Alle Zutaten in einer Schale mischen.

ZITRONEN-MARINADE

ERGIBT: etwa 100 ml

60 ml Olivenöl
1 EL abgeriebene Schale von
    1 Bio-Zitrone
3 EL Zitronensaft
1 EL zerdrückter Knoblauch
1 TL grobes Meersalz
½ TL getrockneter Thymian

Alle Zutaten in einer Schale mischen.

TANDOORI-MARINADE

ERGIBT: etwa 500 ml

300 g griechischer Sahnejoghurt
1 kleine Zwiebel, grob gewürfelt
2 EL frisch gehackter Ingwer
2 EL Zitronensaft
2 EL Madras-Currypulver
2 EL Paprikapulver
4 Knoblauchzehen, grob zerkleinert
2 TL grobes Meersalz
¼ TL Cayennepfeffer

In der Küchenmaschine alle Zutaten zu einer glatten Marinade verarbeiten.

WORCESTER-MARINADE

ERGIBT: etwa 60 g

2 EL Olivenöl
2 EL Worcestersauce
2 TL frisch gemahlener schwarzer
    Pfeffer
2 TL Knoblauchgranulat
1½ TL grobes Meersalz
1 TL geräuchertes Paprikapulver
1 TL gemahlener Kreuzkümmel
½ TL gemahlener Zimt

Alle Zutaten in einer Schale mischen.

EINWIRKDAUER VON MARINADEN

Die angemessene Einwirkzeit einer Marinade hängt von deren Intensität und von der Art des Grillguts ab. Enthält die Marinade kräftige Zutaten wie Sojasauce, hochprozentigen Alkohol, Chili oder andere scharfe Gewürze, sollte man nicht übertreiben. Ein Fischfilet sollte auch nach dem Marinieren noch nach Fisch schmecken. Darüber hinaus kann eine Marinade, wenn sie zu lange wirkt, zartes Fleisch oder feinen Fisch regelrecht zersetzen oder austrocknen. Hier einige allgemeine Richtlinien:

MARINIERZEIT	GRÖSSE UND ART DES GRILLGUTS
15–30 Min.	Kleinteiliges Grillgut wie Meeresfrüchte, Fischfilets, Fleischwürfel für Spieße und zartes Gemüse
1–3 Std.	Dünne Fleischstücke ohne Knochen wie Hähnchenbrust, Schweinelende, Steaks und festeres Gemüse
2–6 Std.	Dickere Fleischstücke mit oder ohne Knochen wie Lammkeule, ganze Hähnchen oder Rinderbraten
6–12 Std.	Größere oder robustere Fleischstücke wie Spareribs, ganzer Schinken, Schweineschulter und ganzer Truthahn

LAS-VEGAS-MARINADE

ERGIBT: etwa 250 ml

125 ml Orangensaft
3 EL Olivenöl
2 EL Rotweinessig
1 EL zerdrückter Knoblauch
2 TL Cayennepfeffer
1½ TL getrockneter Oregano
1 TL grobes Meersalz
½ TL frisch gemahlener schwarzer Pfeffer
½ TL gemahlener Zimt

Alle Zutaten in einer Schale mischen.

TERIYAKI-MARINADE

ERGIBT: etwa 375 ml

125 ml Ananassaft
125 ml Sojasauce
60 g brauner Zucker
2 EL feine Frühlingszwiebelringe
   (die dunkelgrünen Teile)
1 EL frischer geriebener Ingwer
2 TL zerdrückter Knoblauch

Alle Zutaten in einer Schüssel verrühren, bis sich der Zucker vollständig aufgelöst hat.

GRANATAPFEL-MARINADE

ERGIBT: etwa 375 ml

3 EL Granatapfelsirup (ohne Zucker)
3 EL Aceto balsamico
2 EL fein gehackter Thymian
¾ TL grobes Meersalz
½ TL Chiliflocken
250 ml Olivenöl

In einer Schale zuerst den Sirup mit Essig, Thymian, Salz und Chiliflocken verquirlen, dann langsam das Olivenöl darunterschlagen.

KREOLISCHE SENF-MARINADE

ERGIBT: etwa 175 ml

3 EL kreolischer Senf (sehr scharfer Senf mit Chili)
3 EL Olivenöl
3 EL Rotweinessig
2 TL Worcestersauce
2 TL zerdrückter Knoblauch
1 TL getrockneter Thymian
½ TL grobes Meersalz
½ TL frisch gemahlener schwarzer Pfeffer

Alle Zutaten in einer Schale mischen.

SÜSSE WHISKEY-MARINADE

ERGIBT: etwa 500 ml

125 ml Bourbon-Whiskey
100 g brauner Zucker
80 ml Sojasauce
80 ml Zitronensaft
2 EL Worcestersauce
2 TL fein gewürfelter Knoblauch
2 TL fein gehackter Thymian

Alle Zutaten in einer Schüssel mischen.

PASST ZU

- SCHWEIN
- RIND UND LAMM
- GEFLÜGEL
- FISCH UND MEERESFRÜCHTE
- GEMÜSE

PÖKELLAKEN ZUBEREITEN

SCHRITT 1
Zunächst mischt man das Salz unter die Flüssigkeit.

SCHRITT 2
Die kalte Flüssigkeit kräftig mit dem Salz verrühren, damit es sich auflöst, dann Kräuter und Gewürze nach Wahl dazugeben.

SCHRITT 3
Das Fleischstück komplett in die Lake tauchen. Das Gefäß mit Frischhaltefolie verschließen und in den Kühlschrank stellen.

Das richtige Verhältnis von Salz zu Flüssigkeit ist bei einer Pökellake besonders wichtig. Zu viel Salz kann genauso wie zu wenig zu einem enttäuschenden Ergebnis führen. Deshalb sollte man die ersten Pökellaken mit 75 bis 150 g grobem Meersalz auf jeweils 4 l Flüssigkeit ansetzen. Die Flüssigkeit unbedingt so lange rühren, bis sich das Salz aufgelöst hat. Bei dieser Konzentration bekommt das Fleisch ein ganz leichtes Pökelaroma. Beim Pökeln dringt das Salz aus der Lake in das Fleisch ein und verändert die Eiweißstruktur. Die Zellen können dann mehr Feuchtigkeit und Aromen aufnehmen. Die Natur strebt nach Ausgewogenheit, deshalb steigt der Salzgehalt im Fleisch an, bis er dem in der Pökellake entspricht. Wer mag, kann auch Zucker in die Lake geben – etwa genauso viel wie Salz. Zucker ergänzt sich gut mit Salz; außerdem karamellisiert er beim Grillen und sorgt für eine schöne Kruste. Zusätzlich gehören in eine Lake noch alle möglichen Geschmacksträger, einschließlich Kräutern und Gewürzen.

Eine säurehaltige Pökellake in einem säurebeständigen Gefäß zubereiten. Das kann eine Schale oder Schüssel aus Glas, Kunststoff, Edelstahl, Porzellan oder Keramik sein. Aluminium oder andere Metalle reagieren mit der Säure, wodurch ein metallischer Geschmack entsteht.

Geeignete Fleischstücke sind große, magere Stücke, beispielsweise Schweinefilet bis hin zu ganzen Truthähnen, die man mehrere Stunden pökeln sollte. Aber auch kleinere Stücke, z. B. Schweinekoteletts, Hähnchenteile und Lachsfilets, werden saftiger und gewinnen an Geschmack, wenn sie 1 oder 2 Stunden in Pökellake gelegen haben. Das Pökelgut sollte immer von der Lake bedeckt sein; evtl. mit einem Teller oder Deckel beschweren. Das Gefäß dann mit Frischhaltefolie verschließen und in den Kühlschrank stellen.

ROSMARIN-LAKE

ERGIBT: etwa 4 l

4 l Wasser
100 g grobes Meersalz
100 g Zucker
2 EL getrocknete Rosmarinnadeln
1 EL Kümmelsamen
1 EL Knoblauchgranulat
2 TL frisch gemahlener schwarzer Pfeffer

Alle Zutaten in einem großen Gefäß mischen. Kräftig rühren, damit sich Zucker und Salz auflösen.

BUTTERMILCH-LAKE

ERGIBT: etwa 750 ml

500 ml kalte Buttermilch
250 ml Wasser
70 g grobes Meersalz
1 EL körniger Senf
1 EL fein gehackter Estragon

Alle Zutaten in einer Schale verrühren, bis sich das Salz aufgelöst hat.

WÜRZIGE KNOBLAUCH-LAKE

ERGIBT: etwa 1,5 l

1½ l kaltes Wasser
50 g grobes Meersalz
50 g Zucker
2 Knoblauchzehen, fein gehackt
4 Pimentbeeren, zerstoßen
4 Gewürznelken, zerstoßen
1 Lorbeerblatt, in 2 Stücke gebrochen
1 TL getrockneter Majoran

In einer großen Schale das Wasser mit Salz und Zucker mischen und etwa 1 Min. rühren, bis beides sich aufgelöst hat. Die restlichen Zutaten dazugeben.

PÖKELLAKEN

KRÄFTIGE CIDRE-LAKE

ERGIBT: etwa 500 ml

375 ml kräftiger Apfel-Cidre
70 g grobes Meersalz
1 EL getrockneter Rosmarin
1 EL getrockneter Salbei
1½ TL getrockneter Thymian
½ TL schwarze Pfefferkörner

Alle Zutaten in einem Gefäß verrühren, bis sich das Salz aufgelöst hat.

WHISKEY-LAKE

ERGIBT: etwa 500 ml

125 ml Bourbon-Whiskey
125 ml Wasser
50 g brauner Zucker
2 EL grobes Meersalz
½ TL Chiliflocken
1 Handvoll Eiswürfel

In einem Topf Whiskey, Wasser, Zucker, Salz und Chiliflocken bei mittlerer Hitze erwärmen und verrühren, bis sich Zucker und Salz aufgelöst haben. Vom Herd nehmen und die Eiswürfel in die Lake geben, damit sie schnell abkühlt.

CHIPOTLE-LAKE

ERGIBT: etwa 1 l

1 l kaltes Wasser
35 g grobes Meersalz
2 EL Zucker
1½ TL Cayennepfeffer
1 Stück Schale von 1 Bio-Zitrone

Alle Zutaten in einer Schüssel verrühren, bis sich das Salz und der Zucker aufgelöst haben.

APFEL-LAKE

ERGIBT: etwa 2,25 l

2 l Apfelsaft
70 g grobes Meersalz
125 ml Sojasauce
1 Stück (etwa 100 g) frischer Ingwer, geschält und in dünne Scheiben geschnitten
1 EL getrockneter Rosmarin
1 TL schwarze Pfefferkörner
Schale von 2 Bio-Zitronen, in breite Streifen geschnitten
2 Lorbeerblätter

In einem säurebeständigen Gefäß 1 l Apfelsaft mit allen weiteren Zutaten mischen. Bei mittlerer Hitze unter gelegentlichem Rühren zum Köcheln bringen, dann den Topf in ein größeres, hitzebeständiges Gefäß mit Eiswasser stellen. Die Lake so in etwa 30 Min. abkühlen lassen, dabei öfters umrühren. Den restlichen Apfelsaft untermischen.

HONIG-KRÄUTER-LAKE

ERGIBT: etwa 2 l

2 l Wasser
70 g grobes Meersalz
100 g Honig
2 TL getrockneter Rosmarin
2 TL getrockneter Salbei
1½ TL getrockneter Majoran
1 TL schwarze Pfefferkörner
2 Lorbeerblätter

Alle Zutaten in einem Gefäß verrühren, bis sich das Salz aufgelöst hat.

BIER-LAKE

ERGIBT: etwa 1,75 l

1 l helles Bier
70 g grobes Meersalz
100 g Zucker
750 ml Eiswasser

In einem Topf das Bier mit Salz und Zucker verrühren, bis sich beides aufgelöst hat. Das Eiswasser unterrühren, bis das Eis fast geschmolzen ist.

CRANBERRY-ORANGEN-LAKE

ERGIBT: etwa 5 l

2 l Cranberrysaft
2 l Orangensaft
2 kleine Knollen Knoblauch, die Zehen ungeschält zerdrückt
140 g grobes Meersalz
35 g Chiliflocken
35 g Fenchelsamen
120 g frischer Ingwer, geschält und in dünne Scheiben geschnitten
6 Lorbeerblätter
4 Tassen Eiswürfel

In einem Topf die Säfte mit Knoblauch, Salz, Chili, Fenchel, Ingwer und Lorbeer aufkochen und etwa 1 Min. kochen lassen; vom Herd nehmen. Eiswürfel dazugeben. Die Lake etwa 1½ Std. abkühlen lassen.

PASST ZU

🔥 SCHWEIN
🔥 RIND UND LAMM
🔥 GEFLÜGEL
🔥 FISCH UND MEERESFRÜCHTE
🔥 GEMÜSE

SAUCEN ZUBEREITEN

SÜSSES

Zucker
brauner Zucker (hell oder dunkel)
Honig
Melasse
Ahornsirup
Hoisin-Sauce
Tomatenketchup
Fruchtsäfte
Erfrischungsgetränke

SAURES

Apfelessig
Rot-oder Weißweinessig
Aceto balsamico
Reisweinessig
Frisch gepresster Zitronen-
   oder Limettensaft
Senf
Einlegeflüssigkeit von
   Sauerkonserven

WÜRZIGES

scharfe Saucen
frische oder getrocknete
   Chilischoten
schwarzer Pfeffer
Cayennepfeffer
Chiliflocken
Meerrettich

SALZIGES

Meersalz (grob oder fein)
Sojasauce
Fischsauce
Worcestersauce
Oliven
Kapern
Sardellenfilets

Wenn Sie nur eine Möglichkeit hätten, einem Gericht eine ganz spezielle, persönliche Note zu geben, dann sollten Sie sich für eine Sauce entscheiden. Aber Vorsicht: Saucen können, ebenso wie Marinaden, eine wunderbare Spielwiese für kreative Köche sein, mit grenzenlosen Möglichkeiten – aber man kann sich dabei auch ganz schön verlaufen. Für den Anfang würde ich eine Barbecue-Sauce vorschlagen, in der Süße, Säure, Würziges und Salz schön ausgewogen sind. Am besten wählen Sie dazu aus jeder Kategorie links eine oder zwei Zutaten aus. Die klassischen Barbecue-Saucen basieren alle auf Tomatenketchup (er macht die Sauce süß und dick) und einer Essigsorte für die Säure. Zu dieser Basis kann man an Würzigem und Salzigem hinzufügen, worauf man Lust hat. Aber vergessen Sie dabei nicht das gewisse Etwas, das eine wirklich gelungene Sauce ausmacht. Ich würde es das »Extra« nennen. Das kann vieles sein, zum Beispiel:

Das gewisse Etwas
jedes nur erdenkliche Gewürz
Raucharoma
Spirituosen
Wein
Tomatensauce
Schmalz
Butter oder Olivenöl
Hühner- oder Fleischbrühe
Kaffee oder Espresso
und was Ihnen noch so einfällt …

SAUCEN

ROTWEINSAUCE

ERGIBT: etwa 200 ml

375 ml Rotwein
2 EL Schalottenwürfel
1 EL Tomatenmark
2 TL Aceto balsamico
½ TL Worcestersauce
3 EL Butter
grobes Meersalz
frisch gemahlener schwarzer Pfeffer

Den Wein mit den Schalottenwürfeln in einem kleinen Topf zum Kochen bringen und bei mittlerer Hitze in 15–20 Min. auf etwa ein Drittel einkochen lassen. Tomatenmark, Essig und Worcestersauce dazugeben. Den Topf vom Herd nehmen und die Butter esslöffelweise unter die Sauce schlagen. Mit Salz und Pfeffer würzen.

CREMIGE SENFSAUCE

ERGIBT: etwa 200 ml

1 EL Butter
2 EL feine Schalottenwürfel
125 ml milde Fleischbrühe
150 g Crème fraîche
3 EL körniger Senf
grobes Meersalz

Die Butter in einer Kasserolle bei schwacher Hitze zerlassen. Die Schalottenwürfel darin unter Rühren glasig dünsten. Die Brühe dazugießen, bei starker Hitze aufkochen und auf die Hälfte einkochen lassen. Crème fraîche untermischen; die Flüssigkeit heiß werden, aber nicht kochen lassen; den Senf unterrühren. Die Sauce 3–5 Min. köcheln lassen, bis etwa 200 ml übrig sind und sie einen Löffelrücken überzieht. Mit Salz abschmecken.

TOMATEN-CHIMICHURRI-SAUCE

ERGIBT: etwa 250 ml

40 g glatte Petersilie
125 ml Olivenöl
25 g Koriandergrün
100 g in Öl eingelegte getrocknete Tomaten, abgetropft
3 Knoblauchzehen
¾ TL Chiliflocken
grobes Meersalz
frisch gemahlener schwarzer Pfeffer

Alle Zutaten bis auf Salz und Pfeffer in der Küchenmaschine zu einer nicht zu glatten Sauce verarbeiten. Die Sauce mit Salz und Pfeffer würzen und in eine kleine Schale füllen.

HASELNUSS-PESTO MIT DREI KRÄUTERN

ERGIBT: etwa 400 ml

20 g Koriandergrün
20 g glatte Petersilie
10 g Oregano
30 g Haselnusskerne, geröstet, die Häute entfernt
60 ml Sherry-Essig
5 Knoblauchzehen, grob gewürfelt
½ TL Chiliflocken
175 ml Olivenöl
grobes Meersalz
frisch gemahlener schwarzer Pfeffer

Kräuter, Nüsse, Essig, Knoblauch und Chiliflocken in der Küchenmaschine pürieren. Bei laufendem Motor nach und nach das Öl dazulaufen lassen, bis eine dünnflüssige Paste entstanden ist. Das Pesto mit Salz und Pfeffer würzen.

ROTE CHILI-BARBECUE-SAUCE

ERGIBT: etwa 500 ml

4 getrocknete Chilischoten (etwa 25 g)
2 EL Rapsöl
125 ml Ketchup
3 EL Sojasauce
2 EL Aceto balsamico
3 Knoblauchzehen, zerdrückt
1 TL gemahlener Kreuzkümmel
½ TL getrockneter Oregano
¼ TL grobes Meersalz
¼ TL frisch gemahlener schwarzer Pfeffer

Die Chilischoten putzen und in etwa 5 cm große Stücke schneiden, dabei so viele Kerne wie möglich entfernen. Das Öl in einer Pfanne erhitzen und die Chilistücke darin bei starker Hitze 2–3 Min. braten, bis sie sich aufblähen und verfärben; dabei einmal wenden. Das Öl mit den Chilis in eine kleine hitzebeständige Schüssel füllen, mit 250 ml heißem Wasser begießen und 30 Min. quellen lassen. Den gesamten Schüsselinhalt in die Küchenmaschine gießen, alle restlichen Zutaten für die Sauce hinzufügen und das Ganze zu einer glatten Sauce pürieren.

PASST ZU

 SCHWEIN
RIND UND LAMM
GEFLÜGEL
FISCH UND MEERESFRÜCHTE
GEMÜSE

10 RÄUCHERTIPPS

RECHTZEITIG BEGINNEN

Viele Aromen im Rauch sind fett- und wasserlöslich. Das bedeutet, dass Räucheraromen am besten von rohen Zutaten aufgenommen werden – egal um welche es sich dabei handelt. Mit zunehmener Räucherzeit wird das Gargut auf der Oberfläche trocken, und der Rauch kann das Lebensmittel nicht mehr so gut durchziehen.

NUR KEINE EILE

Beim echten Barbecue wird das Grillgut – mit Holzrauch – über schwacher indirekter Hitze ganz langsam gegart. So wird sogar sehniges Fleisch so mürbe und zart, dass man es kaum noch kauen muss. Aber auch Steaks, Garnelen oder Gemüse, die nur kurz über starker Hitze gegrillt werden, können von einem köstlichen Holzaroma durchaus profitieren!

MIT DER WASSERPFANNE DIE HITZE REGULIEREN

Wenn die Temperatur während des Räucherns zu stark schwankt, kann das Räuchergut austrocknen und zäh werden. Bei Grillzeiten von mehr als einer Stunde über Holzkohle sollten Sie deshalb eine Wasserpfanne benutzen; sie stabilisiert die Hitze und sorgt für Feuchtigkeit. In einen Räuchergrill ist sie meist integriert; wenn Sie mit einem Holzkohlegrill arbeiten, können Sie sich mit einer großen Aluschale – die immer wieder aufgefüllt werden muss – behelfen.

NICHT ÜBERTREIBEN

Anfänger machen oft den Fehler, zu viel Holz zu verwenden; sie legen nach und wieder nach, bis das Grillgut schließlich bitter ist. Als Faustregel gilt: Geräuchert wird höchstens während der Hälfte der Gar- bzw- Grillzeit. Außerdem sollte der Rauch nur als sanfter Nebel das Grillgut umschmeicheln; dicke Schwaden sind unerwünscht.

DIE RAUCHFARBE BEACHTEN

Ist der Rauch klar und weißlich, kann er das Grillgut mit dem verführerischen Aroma glühenden Holzes veredeln. Schwärzlicher Rauch zeigt, dass der Grill nicht genug Sauerstoff bekommt oder dass das Holz zu feucht war; er kann das Grillgut verrußen. Harziges Weichholz, aber auch frisches Hartholz können ebenfalls mit rußigem Rauch verbrennen, also: Finger weg davon!

DIE LUFT IN BEWEGUNG HALTEN

Beim Holzkohlegrill die Lüftungsschlitze geöffnet lassen und den Deckel so auflegen, dass der Lüftungsschlitz den Kohlen gegenüber liegt. Die geöffneten Schlitze sorgen dafür, dass Rauch von Kohlen und Holz um das Grillgut zirkuliert und aus dem Lüftungsschlitz im Deckel strömt. So erzielen Sie eine optimale Belüftung und sauberen Rauch. Wenn das Feuer zu heiß wird, den Lüftungsschlitz am Deckel fast ganz schließen.

DABEI BLEIBEN

Räuchern ist eine relativ unaufwendige Garmethode – trotzdem sollten Sie immer aufmerksam sein. Lassen Sie ein Feuer nie unbeaufsichtigt, und prüfen Sie die Temperatur stündlich. Es kann ja durchaus nötig sein, dass Sie die Lüftungsschlitze verstellen oder Kohle nachlegen müssen.

NEUGIER ZURÜCKHALTEN

Jedes Mal, wenn Sie den Deckel öffnen, gehen Hitze und Rauch verloren – und gerade diese beiden Faktoren sind ausschlaggebend dafür, dass das Essen gut wird. Öffnen Sie den Deckel wirklich nur, wenn Sie die Glut, die Wasserpfanne oder den Garzustand des Grillguts überprüfen müssen. Am besten immer alles auf einmal – und rasch. Während der übrigen Zeit die Neugier zügeln und den Deckel geschlossen lassen.

DIE KRUSTE DUNKEL WERDEN LASSEN

Grillfleisch soll eine dunkelbraune bis fast schwarze Kruste bekommen. Wenn Fett und Gewürze auf dem Fleisch brutzeln und der Rauch alles umschmeichelt, entsteht eine karamellisierte Kruste auf dem Fleisch, das innen dennoch schön saftig ist. Also: Bevor Sie das Fleisch vom Grill nehmen oder in Folie wickeln, vergewissern Sie sich, dass die Kruste schön dunkel ist – dann schmeckt sie himmlisch.

DEN STAR HERAUSSTELLEN

Die Hauptzutat ist so etwas wie der Leadsänger in einer Rockband. Die Geschmackszutaten sollten, wie die Band, im Hintergrund bleiben. Mit anderen Worten: Übertreiben Sie es nicht mit mächtiger Marinade, zu vielen Gewürzen oder dicken Saucen. Wer es beherrscht, die Hauptzutat mithilfe von Aromazutaten richtig in Szene zu setzen, der ist der wahre Meister.

Schwein

GERÄUCHERTE SCHWEINEFILETS
MIT MANGO-CURRY-SAUCE

GERÄT:

RAUCHINTENSITÄT: mittel

VORBEREITUNGSZEIT: 20 Min.

MARINIERZEIT: 15–30 Min.

GRILLZEIT: 30–40 Min.

ZUBEHÖR: 1 unbehandeltes
Zedernholzbrett (mind. 30 cm
lang, 18 cm breit und 1,5–2 cm
dick), mind. 1 Std. gewässert;
Sprühflasche, mit Wasser gefüllt;
Fleischthermometer

FÜR 6–8 PERSONEN

FÜR DIE WÜRZMISCHUNG
2 EL getrockneter Thymian
2 TL Currypulver
1 TL grobes Meersalz
½ TL frisch gemahlener schwarzer
    Pfeffer

2 Schweinefilets (je etwa 500 g)
Öl zum Einreiben

FÜR DIE SAUCE
2 Knoblauchzehen
2 reife Mangos (etwa 700 g), geschält,
    vom Stein befreit und grob
    gewürfelt
2 EL Limettensaft
¼ TL Currypulver
¼ TL geröstetes Sesamöl
¼ TL grobes Meersalz
¼ TL Tabasco

1 EL gehacktes Koriandergrün
    (nach Belieben)

1. Die Zutaten für die Würzmischung in einer kleinen Schüssel mischen. Die Schweinefilets zuerst rundherum dünn mit Öl bestreichen, dann mit der Würzmischung einreiben und bei Raumtemperatur 15–30 Min. ruhen lassen.

2. Den Grill für direkte und indirekte mittlere Hitze (175–230 °C) vorbereiten (siehe Seite 22–23).

3. Für die Sauce alle Zutaten im Mixer pürieren. Falls die Sauce zu dick ist, esslöffelweise Wasser hinzufügen, bis die gewünschte Konsistenz erreicht ist. Insgesamt sollen knapp 200 ml Sauce entstehen.

4. Den Grillrost mit der Bürste säubern. Das gewässerte Brett über DIREKTE MITTLERE HITZE legen und den Grill schließen; nach 5–10 Min. bzw. sobald es zu rauchen beginnt und schwarz wird, umdrehen. Das Fleisch auf das Brett legen und über DIREKTER MITTLERER HITZE bei geschlossenem Deckel 10 Min. grillen. (Falls das Brett Feuer fangen sollte, die Flammen mit Wasser aus der Sprühflasche löschen.) Anschließend das Brett mit den Filets über INDIREKTE MITTLERE HITZE legen und die Filets bei geschlossenem Deckel 15–20 Min. weitergrillen, bis die Kerntemperatur etwa 60 °C erreicht hat; die Filets dabei einmal wenden. Das Fleisch vom Grill nehmen und 3–5 Min. ruhen lassen.

5. Die Filets schräg in dicke Scheiben schneiden; nach Belieben mit Koriandergrün bestreuen und mit der Mangosauce servieren.

🔥 *Grillen Sie die Filets auf dem Räucherbrett während der ersten 10 Min. über direkter Hitze, damit sich genug Rauch entwickelt. Anschließend das Brett mit dem Fleisch über indirekte Hitze legen, damit es nicht zu brennen beginnt.*

SCHWEINEFILETS
MIT KORIANDER-ZITRUS-GLASUR

GERÄT:

RAUCHINTENSITÄT: mittel

VORBEREITUNGSZEIT: 20 Min.

GRILLZEIT: etwa 18 Min.

ZUBEHÖR: Fleischthermometer

FÜR 4 PERSONEN

Legen Sie die Schweinefilets auf den Grill, wenn die Kohlen etwa 180 °C heiß sind – die Hitze also noch unter der mittleren gewünschten Temperatur ist. So bleibt das Fleisch länger mit dem Rauch in Kontakt und erhält dadurch einen rauchigere Note; außerdem verbrennt die Glasur nicht, was bei stärkerer Hitze passieren kann.

FÜR DIE GLASUR
2 Bio-Orangen (Navel)
1 Bio-Limette
100 g Zucker
125 ml Bourbon-Whiskey
25 g fein gehackte Korianderblätter

2 Schweinefilets (je 350–450 g)
Olivenöl
1 TL grobes Meersalz
½ TL Chiliflocken

1 große Handvoll Hickoryholz-Chips, mind. 30 Min. gewässert

1. Von den Orangen und der Limette die Schalen abreiben. Die Früchte auspressen; es sollten knapp 200 ml Orangensaft und 3 EL Limettensaft entstehen.

2. In einem säurebeständigen Topf den Orangen- und Limettensaft mit dem Zucker erhitzen; bei mittlerer Hitze unter Rühren köcheln, bis sich der Zucker aufgelöst hat, Den Sirup auf etwa 125 ml einkochen, bis er große Blasen bildet. Vom Herd nehmen. Vorsichtig den Whiskey unterrühren, dabei aufpassen, dass er sich nicht entzündet. Den Topf wieder auf den Herd stellen, die Glasur aufkochen und bei mittlerer Hitze unter gelegentlichem Rühren erneut auf 125 ml einkochen lassen. Den Sirup in ein hitzebeständiges Gefäß füllen. Vollständig abkühlen lassen, dann die Zitrusschalen und die Korianderblätter unterrühren.

3. Die Schweinefilets dünn mit Öl bestreichen, dann gleichmäßig mit Salz und Chiliflocken bestreuen.

4. Eine Zwei-Zonen-Glut für mittlere Hitze (175–230 °C) vorbereiten (siehe Seite 18–19).

5. Den Grillrost mit der Bürste säubern. Die Holz-Chips abtropfen lassen und auf die Glut legen; den Grill schließen. Sobald die Holz-Chips zu rauchen beginnen, die Filets über DIREKTER MITTLERER HITZE bei geschlossenem Deckel unter gelegentlichem Wenden etwa 10 Min. grillen, bis sie rundherum schön gebräunt sind. Danach oben großzügig mit der Glasur bestreichen und bei geschlossenem Deckel 3 Min. grillen. Das Fleisch wenden, mit Glasur bestreichen und bei geschlossenem Deckel etwa 5 Min. weitergrillen, bis die Kerntemperatur 65 °C beträgt. Die Filets vom Grill nehmen und 3–5 Min. ruhen lassen. In 0,5–1 cm dicke Scheiben schneiden und mit der restlichen Glasur servieren.

TACOS MIT SCHWEINEFILET
UND SCHWARZE-BOHNEN-SALSA

GERÄT:

RAUCHINTENSITÄT: schwach

VORBEREITUNGSZEIT: 30 Min.

DURCHZIEHZEIT (SALSA): 1–8 Std.

GRILLZEIT: 20–25 Min.

ZUBEHÖR: große Einweg-Aluschale

FÜR 4–6 PERSONEN

FÜR DIE SALSA

1 Dose schwarze Bohnen (450 g Inhalt)
1 große Tomate, entkernt und fein
    gewürfelt
60 g Tomatillos, von der Hülle befreit,
    abgespült, entkernt und fein
    gewürfelt
2 EL gehacktes Koriandergrün
2 EL Olivenöl
1 EL Zitronensaft
1 EL gehackte Chilischote
    (vorzugsweise Serrano)
1 TL Knoblauchwürfel

grobes Meersalz
frisch gemahlener schwarzer Pfeffer

FÜR DIE WÜRZMISCHUNG

½ TL Chilipulver (Gewürzmischung)
½ TL gemahlener Kreuzkümmel
¼ TL Knoblauchgranulat

1 Schweinefilet (etwa 500 g)
Olivenöl
2 Handvoll Mesquiteholz-Chips,
    mind. 30 Min. gewässert
12 Maistortillas (je 15 cm Ø)
60 g saure Sahne (nach Belieben)
1 EL gehacktes Koriandergrün
    (nach Belieben)

1. Für die Salsa die Bohnen abgießen, abspülen und abtropfen lassen. Mit den anderen Zutaten für die Salsa in eine Schüssel geben. Mit Salz und Pfeffer würzen und alles gründlich, aber nicht zu kräftig mischen. Bei Raumtemperatur mindestens 1, höchstens bis zu 8 Std. durchziehen lassen.

2. Eine Zwei-Zonen-Glut für starke Hitze (230 –290 °C) vorbereiten (siehe Seite 18–19).

3. In einer kleinen Schüssel die Zutaten für die Würzmischung mit ½ TL Salz und ¼ TL Pfeffer mischen. Das Schweinefilet rundherum dünn mit Öl bestreichen und mit der Würzmischung einreiben. Bei Raumtemperatur 15–30 Min. ruhen lassen.

4. Den Grillrost mit der Bürste säubern. Die Holz-Chips abtropfen lassen und auf die Glut legen; den Grill schließen. Sobald Rauch aufsteigt, das Filet über INDIREKTER STARKER HITZE bei geschlossenem Deckel 20–25 Min. grillen, bis die Kerntemperatur 65 °C beträgt. Vom Grill nehmen, in Alufolie wickeln und 15 Min. abkühlen lassen.

5. Das Filet zuerst schräg in sechs Stücke schneiden, dann in kleine Stücke zupfen und in die Aluschale geben. Die Salsa hinzufügen und alles gut mischen. Etwa 15 Min. vor dem Servieren die Fleisch-Salsa-Mischung über INDIREKTER SCHWACHER BIS MITTLERER HITZE etwa 10 Min. erwärmen. Währenddessen die Tortillas auf einer Seite mit Öl bestreichen, leicht salzen und nur auf der geölten Seite über direkter Hitze etwa 1 Min. grillen. Die Fleisch-Salsa-Mischung auf die Tortillas verteilen, Tortillas zusammenklappen und servieren. Nach Belieben mit saurer Sahne und Koriandergrün garnieren. Dazu passt eine Guacamole.

Lassen Sie sich nicht dazu hinreißen, das Filet direkt über den Kohlen zu grillen. Durch das langsamere Garen entwickelt sich ein intensiveres Räucheraroma.

CHILISCHARFE SCHWEINEKOTELETTS
MIT TOMATILLO-SALSA

GERÄT:

RAUCHINTENSITÄT: mittel

VORBEREITUNGSZEIT: 25 Min.

MARINIERZEIT: 20–30 Min.

GRILLZEIT: 8–10 Min.

ZUBEHÖR: gelochte Grillpfanne

FÜR 4 **PERSONEN**

FÜR DIE WÜRZMISCHUNG
2 TL Chilipulver (Gewürzmischung)
2 TL Knoblauchpulver
1 TL gemahlener Kreuzkümmel

grobes Meersalz
frisch gemahlener schwarzer Pfeffer

4 Schweinelendenkoteletts (je etwa
        250 g, 2–3 cm dick), vom Fett befreit
Olivenöl

4 Tomatillos (etwa 250 g), von den Hüllen
        befreit, abgespült und halbiert
2 Scheiben von 1 weißen Zwiebel
        (je 0,5 cm dick)
1 große Jalapeño-Chilischote (etwa 40 g),
        längs halbiert und entkernt

25–30 g Koriandergrün, grob gehackt
½–1 TL brauner Zucker

2 Handvoll Mesquiteholz-Chips,
        mind. 30 Min. gewässert

Die Jalapeño-Chilischote verleiht der Sauce einen besonderen Kick. Wenn die Sauce besonders scharf sein soll, verwenden Sie die Schote mit Kernen oder Sie nehmen sogar zwei Schoten.

1. In einer kleinen Schüssel die Zutaten für die Würzmischung mit 1 TL Salz und ½ TL Pfeffer mischen. Die Koteletts auf beiden Seiten dünn mit Öl bestreichen und gleichmäßig mit der Würzmischung einreiben. Zudecken und bei Raumtemperatur 20–30 Min. ruhen lassen.

2. Eine Zwei-Zonen-Glut für mittlere Hitze (175–230 °C) vorbereiten (siehe Seite 18–19).

3. Tomatillos, Zwiebelscheiben und Chilischote dünn mit Öl bestreichen.

4. Den Grillrost mit der Bürste säubern. Die Holz-Chips abtropfen lassen und auf die Glut legen; den Grill schließen. Sobald Rauch aufsteigt, die Gemüse nebeneinander auf die Grillpfanne geben und die Koteletts auf den Rost legen. Über **INDIREKTER MITTLERER HITZE** bei geschlossenem Deckel 8–10 Min. grillen, dabei ein- oder zweimal wenden. Die Gemüse sollten dann gar und knusprig sein und die Koteletts in der Mitte noch leicht rosa. Alles vom Grill nehmen; die Koteletts 3–5 Min. ruhen lassen.

5. Tomatillos, Zwiebelscheiben und Chili in mundgerechte Stücke schneiden. In eine Schüssel geben, Koriandergrün und Zucker hinzufügen und alles gut mischen; mit Salz und Pfeffer würzen. Die Koteletts mit der Tomatillo-Salsa servieren.

SÜSSSAUER GLASIERTER SCHINKEN

AUS DEM APFELRAUCH

GERÄT:

RAUCHINTENSITÄT: stark

RUHEZEITEN: 30 Min. und
15–20 Min.

VORBEREITUNGSZEIT: 15 Min.

GRILLZEIT: 1¼–2 Std.

ZUBEHÖR: große Einweg-
Aluschale; Fleischthermometer

FÜR 10–12 PERSONEN

1 ganzer gekochter Schinken mit
   Knochen (3,5–4,5 kg)
4 große Handvoll Apfelholz-Chips,
   mind. 30 Min. gewässert

FÜR DIE GLASUR

125 ml Apfelessig
125 ml Ketchup
Saft von 2 Limetten
   (etwa 60 ml)
3 EL dunkler brauner Zucker
2 EL Sojasauce
1 EL Dijon-Senf
½ TL frisch gemahlener schwarzer
   Pfeffer

1. Den Schinken bei Raumtemperatur etwa 30 Min. stehen lassen.

2. Eine Zwei-Zonen-Glut für schwache Hitze (120 –175 °C) vorbereiten (siehe
Seite 18–19).

3. Den Grillrost mit der Bürste säubern. 2 Handvoll Holz-Chips abtropfen lassen und
auf die Glut legen; den Grill schließen. Den Schinken mit der flachen Seite nach
unten in die Aluschale legen und 250 ml Wasser dazugießen. Sobald Rauch aufsteigt, die Schale auf den Grillrost über INDIREKTE SCHWACHE HITZE stellen. Den
Schinken bei geschlossenem Deckel 1¼–2 Std. (bzw. etwa 10 Min. pro 500 g) grillen. Am Ende der Garzeit das Fleischthermometer in die dickste Stelle des Schinkens stecken, dabei darf es nicht den Knochen berühren: Wenn es etwa 50 °C
anzeigt, ist der Schinken fertig. Damit die Hitze gleich bleibt, alle 45 Min. mit den
restlichen Holz-Chips eventuell noch 3–5 glühende Holzkohle-Briketts dazugeben.

4. Während der Schinken grillt, die Glasur herstellen. Dafür die Glasur-Zutaten
in einem Topf bei mittlerer Hitze 3–4 Min. köcheln lassen; vom Herd nehmen.

5. Während der letzten 30 Min. Grillzeit den Schinken mit der Glasur bestreichen.
Falls er zu dunkel wird, mit Folie bedecken und nicht mehr glasieren. Den Schinken vorsichtig aus der Aluschale auf ein Brett heben. Mit Folie bedecken und
15–20 Min. ruhen lassen. Anschließend den Schinken in Scheiben schneiden und
warm servieren.

SALBEIWÜRZIGER SCHINKEN MIT AHORN-GLASUR

GERÄT:

RAUCHINTENSITÄT: stark

VORBEREITUNGSZEIT: 20 Min.

GRILLZEIT: etwa 5½ Std.

ZUBEHÖR: große Einweg-Aluschale; festes Küchengarn; Fleischthermometer

FÜR 14 PERSONEN

FÜR DIE WÜRZMISCHUNG

2 EL grob gehackte Salbeiblätter
1 EL grobes Meersalz
1 TL frisch gemahlener schwarzer Pfeffer

½ frischer Schinken (etwa 4,5 kg; vorzugsweise aus der Unterschale), Schwarte und Fett bis auf eine dünne Schicht entfernt
1 EL Öl

5 Handvoll Apfelholz-Chips (4 Handvoll mind. 30 Min. gewässert; 1 Handvoll bleibt trocken)
4 Zweige Salbei

125 ml Ahornsirup (vorzugsweise dunkler; Grade B)

🔥 *In Nordamerika wird Ahornsirup in »Grades« eingeteilt. Grade A oder 1 ist bernsteinfarben und mild im Geschmack und hat verschiedene Unter-Graduierungen; er passt zu Pfannkuchen und Waffeln. Grade B oder 2 ist dunkler, dickflüssiger und schmeckt intensiver; er eignet sich eher zum Kochen, Grillen und Räuchern.*

1. Für die Würzmischung die grob gehackten Salbeiblätter mit Salz und Pfeffer ganz fein hacken. Die Mischung in eine kleine Schüssel füllen.

2. Die Fettschicht des Schinkens mit einem dünnen scharfen Messer rautenförmig im Abstand von 2–3 cm einritzen. Den Schinken ein paarmal quer mit Küchengarn umwickeln, damit er während des Grillens seine Form behält. Anschließend mit Öl bestreichen und kräftig mit der Würzmischung einreiben. Den gewürzten Schinken bei Raumtemperatur 15–30 Min. durchziehen lassen.

3. Die Aluschale unter den Grillrost stellen. Den Gasgrill für indirekte schwache Hitze (120–175 °C) vorbereiten (siehe Seite 22–23). Trockene Holz-Chips in die Räucherbox legen (Herstellerangaben beachten) und sich entzünden und schwelen lassen.

4. Den Grillrost mit der Bürste säubern. Eine Handvoll eingeweichte und abgetropfte Holz-Chips zu den schwelenden Chips in die Räucherbox geben. Den Schinken auf den Rost über die Aluschale legen und bei geschlossenem Deckel über INDIREKTER SCHWACHER HITZE etwa 4 Std. grillen. Die Grilltemperatur sollte dabei immer um die 160 °C betragen. Nach der 2. und 3. Std. Grillzeit jeweils eine weitere Handvoll abgetropfte Chips in die Räucherbox geben.

5. Nach 4 Std. Grillzeit 2 Zweige Salbei und die letzte Handvoll abgetropfte Holz-Chips in die Räucherbox geben. Den Schinken mit der Hälfte des Ahornsirups bestreichen. Den Grill schließen und den Schinken über INDIREKTER SCHWACHER HITZE weitere 30 Min. grillen.

6. Den Schinken mit dem restlichen Ahornsirup bestreichen und die übrigen Salbeizweige in die Räucherbox legen. Noch etwa 1 Std. weitergrillen, bis das Fleischthermometer (in die Mitte des Schinkens stecken) 70 °C anzeigt. Während der letzten 15 Min. die Temperatur auf mittlere Hitze (175–230 °C) erhöhen, damit die Glasur eine schöne, intensive Farbe bekommt. Den Schinken auf ein Brett legen und 15 Min. ruhen lassen. In Scheiben schneiden und warm servieren.

BABY-BACK-RIBS VOM STAPEL

GERÄT:

RAUCHINTENSITÄT: mittel

VORBEREITUNGSZEIT: 30 Min.

GRILLZEIT: etwa 3 Std.

ZUBEHÖR: Kotelett- oder Spare-rib-Halter; kleine Sprühflasche

FÜR 6–8 PERSONEN

FÜR DIE WÜRZMISCHUNG

2 EL grobes Meersalz
1 EL geräuchertes Paprikapulver
1 EL Knoblauchgranulat
1 EL Chilipulver
2 TL Senfpulver
2 TL getrockneter Thymian
1 TL gemahlener Kreuzkümmel
1 TL Selleriesamen
1 TL frisch gemahlener schwarzer Pfeffer

4 Baby-Back-Ribs aus der Kotelettrippe
(je etwa 1 kg)

4 große Handvoll Hickoryholz-Chips,
mind. 30 Min. gewässert

FÜR DIE SAUCE

4 Scheiben Bacon
250 ml Ketchup
125 ml Apfelsaft
60 ml Apfelessig
1 EL Melasse (Reformhaus)
2 TL Worcestersauce
½ TL geräuchertes Paprikapulver
½ TL gemahlener Kreuzkümmel
¼ TL grobes Meersalz
¼ TL frisch gemahlener schwarzer
Pfeffer
Tabasco (nach Belieben)

ZUM BESPRÜHEN

125 ml Apfelsaft
1 EL Apfelessig

Am besten gelingen die Ribs, wenn man sie langsam bei indirekter schwacher Hitze grillt. Wer einen großen Gasgrill (mit 6 Gasbrennern) mit einer Räucherbox hat, kann alle 4 Rippenstücke in die Mitte der Grillroste legen, ohne dass etwas übersteht und verbrennt. Bei einem kleineren Grill sollte man besser immer nur 2 oder 3 Stücke gleichzeitig grillen.

1. Die Zutaten für die Würzmischung mischen. An einem Ende der Ribs die Spitze eines Tafelmessers unter die dünne Haut am Knochen schieben. Die Haut anheben und lockern, bis sie vom Knochen reißt. Das Hautende mit Küchenpapier festhalten (so rutscht es nicht aus der Hand) und abziehen. Die Rippenstücke mit der Würzmischung bestreuen, dann aufrecht so in den Halter stellen, dass alle Fleischseiten zur selben Richtung weisen. Bei Raumtemperatur 30–60 Min. ruhen lassen.

2. Den Grill für indirekte schwache Hitze (150–175 °C) vorbereiten (siehe Seite 22–23).

3. Zwei Handvoll Holz-Chips abtropfen lassen; in die Räucherbox des Gasgrills legen (Herstellerangaben beachten). Den Grill schließen. Sobald die Chips zu rauchen beginnen, die Ribs im Halter über INDIREKTER SCHWACHER HITZE bei geschlossenem Deckel etwa 1 Std. grillen. Währenddessen die Temperatur konstant halten.

4. In einer Pfanne den Bacon bei schwacher Hitze in 10–15 Min. braun und knusprig braten, dabei öfter wenden. Auf Küchenpapier abtropfen lassen; Bacon anderweitig verwenden. Das Baconfett in der Pfanne auf Raumtemperatur abkühlen lassen. In einem Topf alle Zutaten für die Sauce bis auf den Tabasco mischen. 3 EL Bratfett unterrühren und die Mischung bei schwacher Hitze etwa 5 Min. köcheln lassen. Nach Belieben mit Tabasco würzen. Den Topf vom Herd nehmen.

5. In der Sprühflasche Apfelsaft und Essig mischen. Nach 1 Std. Grillzeit die restlichen 2 Handvoll Holz-Chips in die Räucherbox legen. Die Ribs dünn mit der Saft-Essig-Mischung besprühen (vor allem die Stellen, die trocken aussehen). Den Deckel schließen und die Ribs weitergrillen, dabei die Temperatur konstant halten.

6. Nach 1 weiterer Std. Grillzeit die Ribs wieder besprühen. Ribs, die schneller garen oder dunkler aussehen, an eine weniger heiße Stelle im Halter umsetzen und etwa 30 Min. weitergrillen.

7. Nach 2½ Std. Grillzeit sollten etwa 0,5 cm der Knochenenden sichtbar sein. Falls nicht, weitergrillen, bis es soweit ist. Anschließend die Ribs im Halter vom Grill nehmen. Den Grill schließen, damit die Temperatur nicht absinkt. Die Ribs aus dem Halter nehmen und rundherum mit etwas Sauce bestreichen.

8. Die Ribs alle aufeinander oder jeweils 2 aufeinander über INDIREKTE SCHWACHE HITZE auf den Grill legen. Über INDIREKTER SCHWACHER HITZE bei geschlossenem Deckel 15–30 Min. grillen, bis sie zart und saftig sind. Die Ribs sind fertig, wenn man sie mit der Grillzange an einem Ende anhebt (Knochenseite nach oben) und dabei das Fleisch in der Mitte des Rippenstücks einreißt. Andernfalls noch weitergrillen. Kurz vor dem Servieren die Ribs noch einmal dünn mit Sauce bestreichen. Die Rippenstücke einzeln aufschneiden und warm servieren.

SPARERIBS AUS DEM HICKORY-RAUCH
MIT APFEL-BARBECUE-SAUCE

GERÄT:

RAUCHINTENSITÄT: stark

VORBEREITUNGSZEIT: 45 Min.

GRILLZEIT: 4¾–6 Std.

ZUBEHÖR: kleine Sprühflasche

FÜR 8 PERSONEN

FÜR DIE WÜRZMISCHUNG
2½ EL grobes Meersalz
2 EL Chilipulver (vorzugsweise
    Ancho-Chilipulver)
2 EL brauner Zucker
2 EL Knoblauchgranulat
1 EL gemahlener Kreuzkümmel
2 TL frisch gemahlener schwarzer
    Pfeffer

4 grillfertige Spareribs (Schälrippchen;
    je 1,25–1,5 kg)

ZUM BESPRÜHEN
175 ml Apfelsaft
60 ml Apfelessig

5 faustgroße Stücke Hickoryholz

FÜR DIE SAUCE
500 ml Ketchup
125 ml Apfelsaft
60 ml Apfelessig
50 g Senf
2 EL Melasse (Reformhaus)
2 EL Worcestersauce
1 TL Knoblauchgranulat
¼ TL Chilipulver (vorzugsweise
    Chipotle-Chilipulver)

Bitten Sie Ihren Metzger darum, die Spareribs grillfertig vorzubereiten. Die Schwarte dabei jedoch nicht abschneiden lassen – sie bildet nach dem Grillen eine knusprige würzige Kruste. Die Ribs erst in Folie wickeln (Schritt 6), wenn die Schwarte schön braun ist.

1. Den Räuchergrill für indirekte sehr schwache Hitze (110–120 °C) vorbereiten (siehe Seite 20–21).

2. In einer Schüssel die Zutaten für die Würzmischung verrühren. Die Spareribs rundherum damit einreiben; dabei auf der Fleischseite mehr Würzmischung verwenden als auf der Knochenseite.

3. Den Apfelsaft und den Apfelessig zum Besprühen in der Sprühflasche mischen.

4. Den Grillrost mit der Bürste säubern. 2 Holzstücke auf die Glut legen. Die Spareribs mit den Knochenseiten nach unten über INDIREKTER SEHR SCHWACHER HITZE bei geschlossenem Deckel 4–5 Std. grillen; nach jeder Std. glühende Holzkohle-Briketts nachlegen, um die Hitze aufrecht zu erhalten, außerdem je 1 Holzstück dazugeben und die Ribs rundherum mit der Saft-Essig-Mischung besprühen. Zum Ende der Garzeit sollte etwa 1 cm von den Knochenenden sichtbar sein.

5. Inzwischen alle Zutaten für die Sauce in einem Topf mischen, aufkochen und bei schwacher Hitze 15–20 Min. köcheln lassen, dabei öfter umrühren.

6. Die gegarten Spareribs vom Grill nehmen; rundherum mit der Sauce bestreichen und in extrastarke Alufolie wickeln. Die Folienpäckchen auf den Räuchergrill auf den oberen Rost legen und die Spareribs über INDIREKTER SEHR SCHWACHER HITZE bei geschlossenem Deckel 45–60 Min. weitergrillen, bis sich das Fleisch leicht von den Knochen lösen lässt.

7. Die Spareribs vom Grill nehmen. Nochmals rundherum mit Sauce bestreichen und dann in einzelne Stücke schneiden. Warm mit der restlichen Sauce servieren.

PULLED-PORK-SANDWICHES

GERÄT:

RAUCHINTENSITÄT: stark

VORBEREITUNGSZEIT: 30 Min.

GRILLZEIT: 8–10 Std.

RUHEZEIT: 1 Std.

ZUBEHÖR: Spritze; Fleischthermometer

FÜR 12 PERSONEN

1 Schweinebraten mit Knochen
(Schulter; 2–2,5 kg)

FÜR DIE WÜRZSAUCE
125 ml Apfelsaft
2 EL grobes Meersalz
1 EL brauner Zucker
1 EL Worcestersauce

FÜR DIE WÜRZMISCHUNG
1 EL brauner Zucker
2 TL grobes Meersalz
2 TL Paprikapulver
1 TL Chilipulver (Gewürzmischung)
1 TL Knoblauchgranulat, 1 TL Senfpulver
1 TL frisch gemahlener schwarzer Pfeffer

10 Stücke Hickoryholz

FÜR DIE SAUCE
375 ml Ketchup
175 ml Apfelsaft
175 ml Apfelessig
3 EL brauner Zucker
3 EL Tomatenmark
1½ EL Melasse (Reformhaus)
1 EL Worcestersauce
1½ TL Senfpulver
¾ TL Tabasco
¾ TL grobes Meersalz
½ TL frisch gemahlener schwarzer Pfeffer

12 Hamburger-Brötchen, aufgeschnitten
600 g Farmersalat (Fertigprodukt)

Hier ist Geduld gefragt, denn eine Schweineschulter braucht Zeit, bis sie schön zart ist. Am besten lässt sich der Garzustand mit dem Fleischthermometer prüfen: Beträgt die Kerntemperatur etwa 90 °C, ist das Fleisch so zart, dass man es mit den Fingern oder einer Gabel zerteilen kann. Das Ergebnis ist jede einzelne Minute wert.

1. Mit einem sehr scharfen Messer vom Braten so viel Fett abschneiden, dass die Fettschicht nur noch knapp 1 cm dick ist. In einer kleinen Schüssel die Zutaten für die Würzsauce mit 125 ml Wasser verrühren, bis Salz und Zucker aufgelöst sind. Dann den Braten mit dieser Sauce »impfen«: das Fleisch auf die Fettseite legen und imaginär in etwa 2 cm große Quadrate einteilen. Die Flüssigkeit in die Spritze füllen und in jedes gedachte Quadrat etwas davon spritzen. Während des Injizierens die Nadel dabei aus dem Fleisch ziehen. Auch wenn beim Spritzen Flüssigkeit danebengeht, sollte doch möglichst viel davon in das Fleisch gelangen.

2. Die Zutaten für die Gewürzmischung in einer kleinen Schüssel verrühren. Den Braten damit rundum einreiben und bei Raumtemperatur 30 Min. ruhen lassen.

3. Den Räuchergrill für indirekte sehr schwache Hitze (95–120 °C) vorbereiten (siehe Seite 20–21).

4. Zwei Holzstücke auf die Glut legen. Den Braten auf der Fleischseite über INDIREKTER SEHR SCHWACHER HITZE bei geschlossenem Deckel 5 Std. grillen, dabei die Lüftungsschieber so einstellen, dass die Temperatur die gesamte Grillzeit etwa 120 °C beträgt. Nach jeder Std. 2 Holzstücke auf die Glut legen. Falls die Temperatur unter 115 °C sinken sollte und durch das Öffnen der Lüftungsschlitze nicht wieder ansteigt, glühende Holzkohlebriketts auf die Glut nachlegen.

5. Nach 5 Std. das Fleischthermometer in die dickste Stelle des Bratens stecken, um die Kerntemperatur zu prüfen: Falls sie noch nicht 70 °C erreicht hat, den Braten weitergrillen; andernfalls vom Grill nehmen. Den Räuchergrill wieder schließen, damit keine Hitze verloren geht. Weitere glühende Holzkohle-Briketts auf die Glut legen und die Wasserpfanne auffüllen, um die Temperatur um 120 °C zu halten.

6. Zwei Stück extrastarke Alufolie (jedes etwa 90 cm lang) so auslegen, dass die Längsseiten leicht überlappen. Den Braten mit der Fleischseite nach unten auf die Mitte der Folie legen und fest einwickeln, damit kein Dampf entweicht. Den Braten wieder in den Räuchergrill über INDIREKTE SEHR SCHWACHE HITZE legen und bei geschlossenem Deckel 3–5 Std. weitergrillen, bis die Kerntemperatur etwa 85 °C beträgt. Vom Grill nehmen; in der Folie 1 Std. ruhen lassen.

7. In einem Topf die Zutaten für die Sauce aufkochen und bei mittlerer Hitze etwa 5 Min. unter gelegentlichem Rühren köcheln lassen; beiseitestellen.

8. Das Fleisch aus der Folie wickeln, etwas abkühlen lassen und zerkleinern. Dabei sichtbares Fett und Sehnen entfernen. Das Fleisch in einem Topf mit so viel Sauce mischen, wie Sie möchten und die Sauce bei schwacher Hitze unter gelegentlichem Rühren erwärmen. Die Fleischstücke auf die unteren Hälften der Brötchen verteilen; mit Farmersalat und den oberen Brötchenhälften bedecken. Die restliche Sauce dazu servieren. Dazu passt Süßsaurer Kohl-Gemüse-Salat (siehe Seite 144).

IN APFELSAFT GEPÖKELTER KOTELETTBRATEN
MIT CRANBERRY-SAUCE

GERÄT:

RAUCHINTENSITÄT: stark

VORBEREITUNGSZEIT: 20 Min.

MARINIERZEIT: 4–5 Std.

GRILLZEIT: 3½–4 Std.

FÜR 8 **PERSONEN**

FÜR DIE PÖKELLAKE

2 Bio-Zitronen
2 l Apfelsaft
75 g grobes Meersalz
125 ml Sojasauce
1 Stück Ingwer (etwa 90 g), geschält und
    in dünne Scheiben geschnitten
1 EL getrockneter Rosmarin
1 TL schwarze Pfefferkörner
2 Lorbeerblätter

1 Kotelettbraten (Lende; etwa 2 kg)

6 Stücke Apfel- oder Hickoryholz

FÜR DIE SAUCE

350 g frische oder getrocknete
    Cranberrys
200 g Honig
125 ml Apfel- oder Orangensaft
1 grünschaliger Apfel (vorzugsweise
    Granny Smith), in 1 cm dicke
    Würfel geschnitten
3 EL Calvados

Zum Pökeln des Fleisches benötigen Sie eine Schüssel, die so groß ist, dass Pökellake und Fleisch zusammen hineinpassen, wobei das Fleisch vollständig von der Flüssigkeit bedeckt sein muss.

1. Für die Pökellake die Zitronen heiß abspülen und trocken reiben, dann mit einem Sparschäler dünn schälen. 1 l Apfelsaft mit den Zitronenschalen, dem Salz, der Sojasauce, den Ingwerscheiben, dem Rosmarin, dem Pfeffer und den Lorbeerblättern in einen säurebeständigen Topf geben. Unter gelegentlichem Rühren zum Köcheln bringen. Anschließend die Pökellake in ein große hitzebeständige Schüssel füllen und die Schüssel auf Eiswasser stellen. Die Lake in etwa 30 Min. abkühlen lassen, dabei öfter umrühren. Den restlichen Apfelsaft dazugießen.

2. Den Kotelettbraten in die Pökellake legen und zugedeckt für 4–5 Std. in den Kühlschrank stellen. Nach der Marinierzeit den Braten herausnehmen, unter kaltem Wasser abspülen und mit Küchenpapier trocken tupfen. Das Fleisch bei Raumtemperatur etwa 30 Min. ruhen lassen.

3. Den Räuchergrill für indirekte sehr schwache Hitze (95–120 °C) vorbereiten (siehe Seite 20–21).

4. Den Grillrost mit der Bürste säubern. 3 Holzstücke auf die Glut legen. Den Braten über INDIREKTER SEHR SCHWACHER HITZE bei geschlossenem Deckel 3½–4 Std. grillen, bis die Kerntemperatur etwa 65 °C beträgt. Dabei nach 1 Std. Grillzeit die restlichen Holzstücke auf die Glut legen; falls nötig, glühende Holzkohle-Briketts nachlegen, um die Temperatur konstant zu halten. Den fertigen Braten vom Grill nehmen und etwa 10 Min. ruhen lassen. Währenddessen die Sauce zubereiten.

5. Für die Sauce in einem Topf die Cranberrys mit dem Honig und Saft oder Wasser aufkochen; bei mittlerer Hitze in etwa 7 Min. unter häufigem Rühren sirupartig einkochen lassen. Die Apfelwürfel und den Calvados hinzufügen; alles etwa 5 Min. weiterkochen lassen, dabei immer wieder umrühren. Die Sauce schmeckt heiß oder lauwarm (beim Abkühlen wird sie dick).

6. Den Braten zwischen den Rippen in Scheiben schneiden und warm mit der Cranberry-Sauce servieren.

ROSMARIN-KASSELER
MIT SAHNE-SAUERKRAUT

GERÄT:

RAUCHINTENSITÄT: mittel

VORBEREITUNGSZEIT: 20 Min.

MARINIERZEIT: 30 Min.

GRILLZEIT: 1¼–1½ Std.

ZUBEHÖR: Fleischthermometer

FÜR 4–6 PERSONEN

FÜR DIE MARINADE
3 EL Olivenöl
2 EL Weißwein
2 EL gehackter Rosmarin
1 EL gehackter Thymian
1 TL grobes Meersalz
½ TL frisch gemahlener schwarzer
    Pfeffer

1 Kotelettbraten (Lende; etwa 1,5 kg)

4 Handvoll Hickory- oder Eichenholz-
    Chips, mind. 30 Min. eingeweicht

FÜR DAS SAUERKRAUT
2 Scheiben durchwachsener Speck,
    fein gewürfelt
1 Zwiebel, fein gewürfelt
500 g Sauerkraut
250 ml Hühnerbrühe
125 ml trockener Weißwein
80 g Sahne
grobes Meersalz
frisch gemahlener schwarzer Pfeffer
frisch geriebene Muskatnuss

Kaufen Sie einen Kotelettbraten mit mindestens vier Rippenknochen, um daraus die entsprechende Anzahl an Scheiben schneiden zu können.

1. Die Zutaten für die Marinade in einer Schüssel mischen. Den Kotelettbraten mit der Hälfte der Marinade bestreichen; restliche Marinade beiseitestellen. Das Fleisch bei Raumtemperatur etwa 30 Min. durchziehen lassen.

2. Den Grill für indirekte mittlere Hitze (175–230 °C) vorbereiten (siehe Seite 22–23).

3. Den Grillrost mit der Bürste säubern. 2 Handvoll Holz-Chips abtropfen lassen und in die Räucherbox des Gasgrills legen (Herstellerangaben beachten). Den Grill schließen. Sobald Rauch aufsteigt, den Braten mit dem Knochen nach unten über INDIREKTER MITTLERER HITZE bei geschlossenem Deckel 30 Min. grillen. Die Temperatur im Grill sollte dabei konstant um 175 °C betragen.

4. Anschließend den Braten mit der restlichen Marinade bestreichen. Die übrigen Holz-Chips abtropfen lassen und in die Räucherbox legen. Den Braten bei geschlossenem Deckel 45–60 Min. weitergrillen, bis die Kerntemperatur bei 65 °C liegt.

5. Währenddessen das Sauerkraut zubereiten. Die Speckwürfel in einem Topf auf dem Herd bei mittlerer Hitze 4–6 Min. unter gelegentlichem Rühren auslassen. Den Speck aus dem Topf nehmen und die Zwiebel im Speckfett in 4–6 Min. glasig braten. Sauerkraut, Brühe, Wein und Sahne unter die Zwiebel mischen. Das Sauerkraut mit Salz, Pfeffer und Muskatnuss würzen. 15–20 Min. köcheln und so viel Flüssigkeit verdampfen lassen, bis das Kraut die gewünschte Konsistenz hat. Den Topf vom Herd nehmen und den Speck unter das Kraut mischen.

6. Das fertige Kasseler auf ein Schneidebrett legen und 10–15 Min. ruhen lassen. Das Sauerkraut noch einmal erwärmen. Das Kasseler zwischen den Rippen in Scheiben schneiden. Mit dem Sauerkraut und nach Belieben mit neuen Kartoffeln servieren.

SELBST GEMACHTER BACON

GERÄT:

RAUCHINTENSITÄT: stark

VORBEREITUNGSZEIT: 15 Min.

PÖKELZEIT: 48 Std.

KÜHLZEIT: 12 Std.

GRILLZEIT: etwa 3 Std.

ZUBEHÖR: Fleischthermometer

FÜR 12 PERSONEN

FÜR DIE PÖKELLAKE

150 g grobes Meersalz
350 g Honig
250 ml Ahornsirup (vorzugsweise
    dunkler; Grade B)
1 ½ TL rosa Pökelsalz

2 Stücke Schweinebauch (je etwa 2 kg),
    die Schwarte entfernt
1 EL schwarze Pfefferkörner,
    grob zerstoßen

9 Stücke Ahornholz

1. In einem säurebeständigen Topf 3,25 l Wasser mit den Zutaten für die Pökellake mischen, bis das Salz aufgelöst ist. Die Schweinebauchstücke hineinlegen und mit einem Teller beschweren, damit sie mit Lake bedeckt bleiben. Den Topf schließen und 48 Std. (nicht länger!) kalt stellen.

2. Die Schweinebauchstücke aus dem Topf nehmen und die Lake weggießen. Das Fleisch kalt abspülen und mit Küchenpapier trocken tupfen. Die zerstoßenen Pfefferkörner auf ein Schneidebrett geben und die Fleischstücke jeweils mit der unteren und oberen Seite in den Pfeffer drücken. Anschließend die gepfefferten Schweinebauchstücke auf den Rosteinsatz einer Bratform legen; den Rost in bzw. auf die Form setzen. Das Fleisch offen für etwa 12 Std. in den Kühlschrank stellen.

3. Den Räuchergrill für indirekte sehr schwacher Hitze (95–120 °C) vorbereiten (siehe Seite 20–21). Sobald die Temperatur 110 °C erreicht hat, 3 Holzstücke auf die Glut legen.

4. Den Grillrost mit der Bürste säubern. Sobald Rauch aufsteigt, die Schweinebauchstücke über INDIREKTER SEHR SCHWACHER HITZE bei geschlossenem Deckel etwa 3 Std. grillen. Falls nötig, noch glühende Holzkohle-Briketts zur Glut geben Außerdem jeweils nach der ersten und zweiten Stunde 3 weitere Holzstücke hinzufügen. Das Fleisch vom Grill nehmen und ganz abkühlen lassen.

5. Eventuell vorhandene Knorpelstückchen aus dem Fleisch entfernen. Das Fleisch in lange Streifen schneiden und aufbraten oder für Suppen und Eintöpfe verwenden. Fest in Frischhaltefolie gepackt hält sich der Bacon im Kühlschrank bis zu 1 Woche, im Tiefkühlgerät bis zu 3 Monate. Zum Einfrieren den Bacon erst in Frischhaltefolie, dann in Alufolie wickeln.

Wenn Sie den Bacon mit dem Messer und nicht mit der Maschine aufschneiden, werden die Scheiben eher dicker. Die Bratzeit ist für solche Scheiben länger. Am besten lassen sich solche dickeren Scheiben in Würfel schneiden und dann für Suppen oder Eintöpfe verwenden.

GEPÖKELTE SCHWEINELENDE

AUS DEM APFELHOLZRAUCH

GERÄT:

RAUCHINTENSITÄT: stark

VORBEREITUNGSZEIT: 30 Min.

PÖKELZEIT: 2½ Tage

GRILLZEIT: 1¾–2 Std.

ZUBEHÖR: festes Küchengarn; Fleischthermometer

FÜR 16 PERSONEN

FÜR DIE PÖKELLAKE

1 l herber Cidre (Apfelwein)
1 l helles Bier
150 g grobes Meersalz
220 g dunkler brauner Zucker
    (vorzugsweise Muscovado)
2 Handvoll frische Salbeiblätter
40 g grob gehackte frische
    Thymianzweige
10 Wacholderbeeren, zerdrückt
2 EL rosa Pökelsalz
1 EL schwarze Pfefferkörner
4 Knoblauchzehen, zerdrückt

1 Schweinebraten (Lende; etwa 2 kg)

Öl
4 Stücke Apfelholz

1. Alle Zutaten für die Pökellake in eine sehr große Schüssel mit 2 l Wasser geben und verrühren, bis sich das Salz und der Zucker aufgelöst haben.

2. Den Braten längs halbieren. Jede Hälfte mit Küchengarn in 3-cm-Abständen in Form binden, damit die Bratenstücke kompakter werden (siehe Foto rechts). Anschließend die Fleischstücke in die Lake legen und mit einem Deckel oder einer Platte beschweren, damit sie mit Lake bedeckt sind. Die Schüssel zudecken und für 48 Std. in den Kühlschrank stellen.

3. Die Bratenstücke aus der Lake nehmen; die Lake wegschütten. Die Bratenstücke auf den Rosteinsatz einer Bratform legen und darauf offen für 12 Std. in den Kühlschrank geben. Nach dieser Zeit wirkt die Fleischoberfläche trocken. Das Fleisch bei Raumtemperatur 15–30 Min. ruhen lassen, anschließend rundherum mit Öl einpinseln.

4. Den Räuchergrill für indirekte sehr schwache Hitze vorbereiten (siehe Seite 20–21). Bei etwa 110 °C 2 Holzstücke zur Holzkohle geben.

5. Den Grillrost mit der Bürste säubern. Beide Bratenstücke mit der Fettseite nach oben darauflegen und bei INDIREKTER SEHR SCHWACHER HITZE bei geschlossenem Deckel 1 Std. grillen. Damit die Hitze gleichmäßig bleibt, eventuell die Lüftungsschlitze regulieren.

6. Die restlichen Holzstücke zur Kohle geben. Das Fleisch weiter über INDIREKTER GANZ SCHWACHER HITZE zugedeckt grillen, bis das Fleischthermometer eine Kerntemperatur von 65 °C anzeigt. Das dauert noch 45–60 Min. Die Braten vom Grill nehmen und etwa 10 Min. ruhen lassen. Das Küchengarn entfernen und die Braten schräg in dünne Scheiben schneiden. Warm servieren.

Pökelsalz (siehe Foto unten links) wird meist rosa eingefärbt, damit es nicht mit Speisesalz verwechselt werden kann. Es macht Fleisch länger haltbar und verleiht ihm eine appetitliche Farbe. Himalajasalz oder rosa Salz aus Hawaii ist von Natur aus gefärbt und werden wie Speisesalz verwendet.

Rind und Lamm

GERÄUCHERTE CHEESEBURGER
MIT WARMER CHILI-SALSA

GERÄT:

RAUCHINTENSITÄT: stark

VORBEREITUNGSZEIT: 20 Min.

GRILLZEIT: 20–22 Min.

ZUBEHÖR: große Einweg-Aluschale

FÜR 4 PERSONEN

700 g Rinderhackfleisch
2 TL gemahlener Kreuzkümmel
½ TL frisch gemahlener schwarzer
    Pfeffer
grobes Meersalz

FÜR DIE SALSA
2 EL Olivenöl
1 kleine rote Zwiebel, fein gewürfelt
1 Knoblauchzehe, gehackt
4 Eiertomaten, längs halbiert
3 EL fein gehacktes Koriandergrün
1 Chipotle-Schote in Adobo-Sauce (ge-
    trocknete, geräucherte Jalapeño-
    Chili aus der Dose), fein gehackt
1 EL Limettensaft

2 große Handvoll Mesquiteholz-Chips,
    mind. 30 Min. eingeweicht

4 Scheiben geräucherter Cheddar oder
    Gouda (je etwa 30 g)
4 Hamburger-Brötchen

*Soll die Salsa schärfer werden,
einfach noch etwas Adobo-Sauce aus
der Konserve dazugeben.*

1. In einer großen Schüssel das Hackfleisch mit Kreuzkümmel, Pfeffer und 1½ TL Salz mischen. Die Masse in vier gleich große Portionen teilen, jeweils zu etwa 2 cm dicken Burgern formen. In jeden Burger mit dem Daumen oder einem Löffelrücken mittig eine Mulde drücken – so garen die Burger gleichmäßig und wölben sich nicht auf dem Grill. Zudecken und in den Kühlschrank stellen.

2. Eine Zwei-Zonen-Glut für starke Hitze (230–290 °C) vorbereiten (siehe Seite 18–19).

3. Für die Salsa in einer Pfanne 1 EL Öl erwärmen. Zwiebel und Knoblauch darin bei mittlerer Hitze unter Rühren in etwa 3 Min. glasig dünsten, dann in eine Schüssel füllen. Die Tomatenhälften mit dem restlichen Öl bestreichen.

4. Den Grillrost mit der Bürste säubern. Die Hälfte der Holz-Chips abtropfen lassen und auf die Glut legen. Den Grill schließen. Sobald Rauch aufsteigt, die Tomatenhälften jeweils mit der runden Seite nach unten über INDIREKTER STARKER HITZE bei geschlossenem Deckel etwa 12 Min. grillen, bis sie innen brodeln und die Haut aufplatzt. Die Tomaten vom Grill nehmen, häuten und grob würfeln. Mit Koriandergrün, Chilischote und Limettensaft unter die Zwiebelmischung rühren. Die Chili-Salsa mit Salz abschmecken.

5. Die restlichen Holz-Chips abtropfen lassen und auf die Glut legen. Den Grill schließen. Wenn Rauch aufsteigt, die Burger über DIREKTER STARKER HITZE bei geschlossenem Deckel in 8–10 Min. medium rare grillen, dabei einmal wenden. 1 Min. vor Ende der Grillzeit auf jeden Burger 1 Käsescheibe legen und die Brötchen auf den Schnittflächen rösten. Jedes Brötchen mit einem Burger und etwas Chili-Salsa füllen. Warm servieren.

GERÄUCHERTE LAMM-CHEESEBURGER
MIT HARISSA

GERÄT:

RAUCHINTENSITÄT: mittel

VORBEREITUNGSZEIT: 30 Min.

EINWEICHZEIT: 20 Min.

GRILLZEIT: 8–10 Min.

FÜR 6 PERSONEN

Verwenden Sie getrocknete Chili-schoten, die biegsam sind und duften.

FÜR DIE HARISSA
40 g getrocknete milde Chilischoten
    (z. B. New Mexican bzw. Anaheim),
    entkernt
2 Knoblauchzehen, grob gehackt
1½ EL Olivenöl
1 EL Zitronensaft
½ TL grobes Meersalz
¼ TL Kümmelsamen
¼ TL Kreuzkümmelsamen
¼ TL Korianderkörner

FÜR DIE BURGER
1 kg Lammhackfleisch
1 Bund Koriandergrün, gehackt
2 TL gemahlener Kreuzkümmel
1½ TL grobes Meersalz
¾ TL frisch gemahlener schwarzer
    Pfeffer

1 große Handvoll Eichenholz- oder
    Weinstock-Chips, mind. 30 Min.
    gewässert
6 Scheiben Manchego (je etwa 30 g)
6 Pitataschen
1 große Tomate, in 6 Scheiben
    geschnitten
6 Kopfsalatblätter
6 Scheiben von 1 roten Zwiebel

1. Eine große Gusseisenpfanne bei mittlerer Hitze heiß werden lassen. Die Chilis portionsweise darin auf jeder Seite etwa 20 Sek. braten, bis sie dunkel werden; die Chilis dabei mit einem breiten Spatel auf den Pfannenboden drücken. In einer Schüssel abkühlen lassen, dann grob in 5 cm große Stücke teilen. Diese mit 175 ml kochend heißem Wasser bedecken und etwa 20 Min. einweichen.

2. Die Chilis abgießen; das Einweichwasser auffangen. Chilis mit Knoblauch, Öl, Zitronensaft, Salz und Gewürzen im Blitzhacker pürieren oder im Mörser fein zerstoßen, dabei so viel Einweichwasser hinzufügen, bis eine glatte Paste entsteht. Die Paste in ein Schraubdeckelglas füllen; das Glas schließen.

3. Eine Zwei-Zonen-Glut für starke Hitze (230–290 °C) vorbereiten (siehe Seite 18–19).

4. In einer großen Schüssel vorsichtig die Zutaten für die Burger mischen. Die Fleischmasse in sechs gleich große Portionen teilen und zu etwa 2 cm dicken Burgern formen. In jeden Burger mit dem Daumen oder einem Löffelrücken mittig eine Mulde drücken – so garen die Burger gleichmäßig und wölben sich nicht auf dem Grill.

5. Den Grillrost mit der Bürste säubern. Die Holz-Chips abtropfen lassen und auf die Glut legen; den Deckel schließen. Wenn Rauch aufsteigt, die Burger über DIREKTER STARKER HITZE bei geschlossenem Deckel 8–10 Min. grillen, dabei einmal wenden, sobald sie sich leicht vom Grillrost lösen lassen. 1 Min. vor Ende der Grillzeit auf jeden Burger eine Scheibe Käse legen und die Pitabrote toasten. Die Brottaschen an der Markierung aufschneiden und mit je einem Burger, einer Tomatenscheibe, einem Salatblatt, einer Zwiebelscheibe und etwas Harissa füllen.

MARINIERTE RIB-EYE-STEAKS
AUS DEM THYMIANRAUCH

GERÄT:

RAUCHINTENSITÄT: schwach

VORBEREITUNGSZEIT: 15 Min.

MARINIERZEIT: 2–4 Std.

GRILLZEIT: 6–8 Min.

FÜR 4–6 PERSONEN

FÜR DIE WÜRZPASTE
1 kleine Handvoll Thymianzweige
3 EL Olivenöl
1 EL Dijon-Senf
1 EL Aceto balsamico
1 EL gehackter Knoblauch
½ TL Selleriesalz

grobes Meersalz
frisch gemahlener schwarzer Pfeffer

4 Rib-Eye-Steaks ohne Knochen
 (je 350–400 g schwer und
 2,5 cm dick)
2 kleine Handvoll Hickoryholz- oder
 Mesquiteholz-Chips, mind. 30 Min.
 gewässert

Damit die Steaks gleichmäßig garen, sollte die Glutfläche mindestens 10 cm größer sein als die Steaks. Außerdem sollten Sie die Steaks nach dem Wenden an eine andere Stelle auf dem Rost legen.

1. Vom Thymian die Blättchen abstreifen; die Zweige aufbewahren. Von den Blättchen so viele fein hacken, bis etwa 2 EL gehackte Blättchen entstanden sind. Diese in einer kleinen Schüssel mit den übrigen Zutaten für die Würzpaste sowie 1 TL Salz und ½ TL Pfeffer mischen.

2. Die Steaks jeweils auf beiden Seiten mit der Würzpaste bestreichen. Zugedeckt 2–4 Std. kalt stellen.

3. Die Steaks aus dem Kühlschrank nehmen, mit Salz und Pfeffer würzen und noch 15–30 Min. bei Raumtemperatur stehen lassen.

4. Eine Zwei-Zonen-Glut für starke Hitze (230–290 °C) vorbereiten (siehe Seite 18–19).

5. Den Grillrost mit der Bürste säubern. Die Holz-Chips abtropfen lassen und mit den abgezupften Thymianzweigen in die Glut legen; den Grill schließen. Wenn die Chips zu rauchen beginnen, die Steaks über DIREKTER STARKER HITZE bei geschlossenem Deckel bis zum gewünschten Gargrad grillen – nach 6–8 Min. sind sie medium rare. Während des Grillens ein- bis zweimal wenden; falls Flammen auflodern, die Steaks vorübergehend über indirekte Hitze legen. Die gegarten Steaks vom Grill nehmen und 3–5 Min. ruhen lassen, dann servieren.

KALBSKOTELETTS
MIT SHIITAKEPILZEN UND WEISSWEINSAUCE

GERÄT:

RAUCHINTENSITÄT: stark

VORBEREITUNGSZEIT: 20 Min.

GRILLZEIT: 6–8 Min.

FÜR 4 PERSONEN

FÜR DIE WÜRZPASTE

25 g gehackte Estragonblätter
2 EL grober Senf
2 EL Haselnuss-, Walnuss- oder Olivenöl
2 EL trockener Weißwein oder Wermut

4 Kalbskoteletts (je etwa 350 g schwer
    und 2,5 cm dick)
1 EL Öl
grobes Meersalz
frisch gemahlener schwarzer Pfeffer

1 große Handvoll Pekannussholz-Chips,
    mind. 30 Min. gewässert

4 EL Butter
1 dünne Stange Lauch (nur der weiße
    und hellgrüne Teil), in feine
    Ringe geschnitten
400 g Shiitakepilze, die Stiele abge-
    schnitten und die Hüte in feine
    Streifen geschnitten
60 ml trockener Weißwein oder Wermut
1 TL grober Senf

Sind die Koteletts erst einmal mit der köstlichen Estragon-Würzpaste be-strichen, können sie nicht mehr braun werden. Deshalb sollten Sie die Koteletts vorher wenigstens auf einer Seite anbraten, wie in Schritt 4 beschrieben.

1. In einer kleinen Schüssel alle Zutaten für die Würzpaste mischen.

2. Die Koteletts auf beiden Seiten dünn mit Öl bestreichen und gleichmäßig mit 2 TL Salz und ½ TL Pfeffer würzen. Bei Raumtemperatur 15–30 Min. ruhen lassen.

3. Eine Zwei-Zonen-Glut für mittlere Hitze (175–230 °C) vorbereiten (siehe Seite 18–19).

4. Den Grillrost mit der Bürste säubern. Die Holz-Chips abtropfen lassen und auf die Glut legen; den Grill schließen. Sobald die Holz-Chips zu rauchen beginnen, die Koteletts über DIREKTE MITTLERE HITZE legen und mit der Hälfte der Paste bestreichen; den Grill schließen. Die Koteletts 3–4 Min. grillen; wenden, mit der restlichen Paste bestreichen und 3–4 Min. weitergrillen (die Koteletts sind dann im Kern hellrosa). Vom Grill nehmen und ruhen lassen.

5. In einer großen Pfanne 2 EL Butter schmelzen. Die Lauchringe darin in etwa 2 Min. weich dünsten. Die Pilze hinzufügen und etwa 3 Min. mitdünsten, bis alle Flüssig-keit verdampft ist; dabei gelegentlich umrühren. Den Wein dazugießen und auf-kochen lassen. Die Pfanne vom Herd nehmen. Die restlichen 2 EL Butter und den Senf dazugeben und mit einem Kochlöffel unterrühren, bis die Sauce cremig ist. Das Ganze mit Salz und Pfeffer würzen und sofort mit den Koteletts servieren.

SKIRT-STEAKS AUS DEM MESQUITE-RAUCH

MIT SALPICÓN-SALAT

GERÄT:

RAUCHINTENSITÄT: mittel

VORBEREITUNGSZEIT: 25 Min.

MARINIERZEIT: 15–30 Min.

GRILLZEIT: 14–18 Min.

FÜR 4 PERSONEN

FÜR DIE WÜRZPASTE

2 EL Olivenöl
2 EL Limettensaft
2 EL Cayennepfeffer
2 TL gemahlener Kreuzkümmel
1 TL zerdrückter Knoblauch
1 TL grobes Meersalz

700 g Skirt-Steaks (aus dem Rinder-
    zwerchfell geschnitten; 1–2 cm dick),
    vom Fett befreit und in 30 cm lange
    Stücke geschnitten

FÜR DEN SALAT

500 g sehr kleine rotschalige Kartoffeln,
    sauber gebürstet
grobes Meersalz
2 frische Maiskolben, ohne Hüllblätter
1 reife Avocado (vorzugsweise »Hass«),
    in Spalten geschnitten
4 Radieschen, in dünne Scheiben
    geschnitten
2 Frühlingszwiebeln (nur die weißen
    und hellgrünen Teile), in dünne
    Ringe geschnitten
Koriandergrün
2 EL Limettensaft
1 Chipotle-Schote in Adobo-Sauce (ge-
    trocknete, geräucherte Jalapeño-
    Chili aus der Dose), fein gehackt
1 zerdrückte Knoblauchzehe
125 ml Olivenöl
frisch gemahlener schwarzer Pfeffer

1 große Handvoll Mesquiteholz-Chips,
    mind. 30 Min. gewässert

Skirt Steaks sind stark marmoriert (also gut mit Fett durchzogen). Damit sie schön zart und saftig werden, sollten Sie diese Steaks lange genug grillen – am besten medium rare.

1. In einer kleinen Schüssel die Zutaten für die Würzpaste mischen. Die Steaks auf beiden Seiten mit der Paste bestreichen, dann bei Raumtemperatur 15–30 Min. ruhen lassen.

2. Für den Salat die Kartoffeln in Salzwasser in 15–20 Min. weich garen. Abgießen, kalt abspülen und abtropfen lassen. Die Kartoffeln halbieren, in eine Schüssel legen und abkühlen lassen.

3. Eine Zwei-Zonen-Glut für starke Hitze (230–290 °C) vorbereiten (siehe Seite 18–19).

4. Den Grillrost mit der Bürste säubern. Die Maiskolben über DIREKTER STARKER HITZE bei geschlossenem Deckel 10–12 Min. grillen, bis die Körner rundum braun gesprenkelt sind. Vom Grill nehmen und beiseitestellen. Sobald man die Kolben anfassen kann, ohne sich dabei zu verbrennen, die Körner abschneiden und in die Schüssel zu den Kartoffeln geben. Avocado, Radieschen, Frühlingszwiebeln und Koriandergrün hinzufügen.

5. In einer kleinen Schüssel Limettensaft, Chili und Knoblauch mischen. Langsam das Öl darunterschlagen. Das Dressing über Kartoffeln und Gemüse gießen und untermischen. Den Salat mit Salz und Pfeffer würzen. Bis zum Servieren in den Kühlschrank stellen.

6. Die Holz-Chips abtropfen lassen und auf die Glut legen. Den Grill schließen. Sobald Rauch aufsteigt, die Steaks über DIREKTER STARKER HITZE bei geschlossenem Deckel bis zum gewünschten Gargrad grillen – für medium rare z.B. 4–6 Min. –, dabei ein- oder zweimal wenden. (Falls beim Grillen Flammen hochschlagen sollten, die Steaks vorübergehend über indirekte Hitze legen.) Die fertigen Steaks vom Grill nehmen und 3–5 Min. ruhen lassen.

7. Die Steaks quer zur Faser in 1 cm dicke Scheiben schneiden. Sofort mit dem Salat servieren. Dazu passen Tortillas.

STEAKSTREIFEN AUF RÖSTBROT

MIT SCHARFER SALSA

GERÄT:

RAUCHINTENSITÄT: schwach

VORBEREITUNGSZEIT: 30 Min.

GRILLZEIT: 9–11 Min.

FÜR 8 PERSONEN

FÜR DIE WÜRZMISCHUNG

2 TL Knoblauchgranulat
1 TL grobes Meersalz
1 TL frisch gemahlener schwarzer Pfeffer
¼ TL Cayennepfeffer

2 Flank-Steaks (aus der Dünnung
    geschnitten; je etwa 500 g schwer
    und 2 cm dick)
Olivenöl

FÜR DIE SALSA

250 g Eiertomaten
4 Frühlingszwiebeln (nur die weißen
    und hellgrünen Teile), in dünne
    Ringe geschnitten
120 g eingelegte grüne Chilischoten,
    abgetropft und in kleine Würfel
    geschnitten
2 EL gehacktes Koriandergrün
1 EL gehackter Knoblauch
2 TL Rotweinessig
½ TL grobes Meersalz
¼ TL Tabasco

8 Scheiben Weißbrot (jeweils 1 cm dick)
2 Handvoll Eichenholz-Chips,
    mind. 30 Min. eingeweicht

1. Die Zutaten für die Würzmischung in einer kleinen Schüssel mischen. Die Steaks rundherum dünn mit Öl bestreichen und mit der Würzmischung bestreuen. Bei Raumtemperatur 15–30 Min. ruhen lassen.

2. Eine Zwei-Zonen-Glut für mittlere Hitze (175–230 °C) vorbereiten (siehe Seite 18–19).

3. Die Zutaten für die Salsa in einer Schüssel mischen und beiseitestellen. Die Brotscheiben auf beiden Seiten dünn mit Öl bestreichen.

4. Den Grillrost mit der Bürste säubern. Die Holz-Chips abtropfen lassen und auf die Glut legen; den Grill schließen. Sobald die Chips zu rauchen beginnen, die Steaks über DIREKTER MITTLERER HITZE bei geschlossenem Deckel bis zum gewünschten Gargrad grillen – z. B. 8–10 Min. für medium rare –, dabei ein- oder zweimal wenden. (Falls beim Grillen Flammen hochschlagen sollten, die Steaks vorübergehend über indirekte Hitze legen.) Die fertigen Steaks vom Grill nehmen und 3–5 Min. ruhen lassen. Währenddessen die Brotscheiben über DIREKTER MITTLERER HITZE auf beiden Seiten etwa 1 Min. grillen.

5. Die Steaks quer zur Faser in dünne Scheiben schneiden. Die Fleischscheiben auf die gerösteten Brotscheiben legen und darauf etwas Salsa geben. Die Röstbrote warm oder abgekühlt servieren.

Reiben Sie die Brote zuerst mit einer halbierten Knoblauchzehe ein und bestreichen Sie sie dann erst mit Öl – das sorgt für mehr Aroma.

STEAK-SALAT
MIT INGWER-SESAM-DRESSING

GERÄT:

RAUCHINTENSITÄT: mittel

VORBEREITUNGSZEIT: 30 Min.

GRILLZEIT: 6–10 Min.

FÜR 4 PERSONEN

FÜR DIE WÜRZMISCHUNG
2 TL Knoblauchgranulat
1 TL Fünf-Gewürze-Pulver
1 TL frisch gemahlener schwarzer Pfeffer
1 TL gemahlener Koriander
1 TL grobes Meersalz

1 Flank-Steak (aus der Dünnung
      geschnitten; etwa 800 g schwer
      und 2 cm dick)
2 Portobello-Pilze (je etwa 120 g),
      Stiele und Lamellen entfernt
Erdnussöl

FÜR DAS DRESSING
3 EL Reisweinessig
2 EL Sojasauce
1 EL geröstetes Sesamöl
1 TL frisch geriebener Ingwer
1 TL geröstete Sesamsamen

2 Handvoll Hickoryholz-Chips,
      mind. 30 Min. gewässert

FÜR DEN SALAT
2 Orangen (Navel)
1 Kopfsalat (etwa 500 g), Blätter abgelöst
60 g Mandelblättchen
4 Frühlingszwiebeln (nur die weißen
      und hellgrünen Teile), in dünne
      Ringe geschnitten

Flank-Steak hat einen wunderbaren Geschmack, ist allerdings von vielen Sehnen längs durchzogen und kann deshalb recht zäh sein. Um dies zu verhindern, sollten Sie ein Flank-Steak immer quer zur Faser aufschneiden. Dadurch werden die Sehnen durchtrennt und das Steak beim Grillen zart.

1. Für die Würzmischung in einer kleinen Schüssel die Zutaten mischen. Das Steak auf beiden Seiten dünn mit Erdnussöl bestreichen und mit der Würzmischung bestreuen. Bei Raumtemperatur 15–30 Min. ruhen lassen.

2. Eine Zwei-Zonen-Glut für mittlere Hitze (175–230 °C) vorbereiten (siehe Seite 18–19).

3. Jeden Pilzhut großzügig mit Erdnussöl bestreichen. In einer kleinen Schüssel die Zutaten für das Dressing mit 3 EL Erdnussöl mischen.

4. Den Grillrost mit der Bürste säubern. Die Holz-Chips abtropfen lassen und auf die Glut legen; den Grill schließen. Sobald die Chips zu rauchen beginnen, Steak und Pilze über DIREKTER MITTLERER HITZE grillen; der untere Lüftungsschlitz soll dabei geschlossen und der obere halb offen sein. Steak und Pilze während des Grillens ein- oder zweimal wenden, bis das Steak medium rare ist – das dauert 8–10 Min.; falls nötig, noch kurz über indirekte Hitze legen. Die Pilze benötigen 6–8 Min. Beides vom Grill nehmen; das Steak noch 3–5 Min. ruhen lassen.

5. Von jeder Orange oben und unten eine Scheibe abschneiden, dann die Früchte mit einem Messer von oben nach unten dick schälen. Anschließend über einer Schüssel die Filets zwischen den Häutchen herausschneiden. Das Steak in schmale Streifen und die Pilze in mundgerechte Stücke schneiden. Die Salatblätter auf Teller verteilen; Steakstreifen, Pilze, Orangenfilets, Mandeln und Frühlingszwiebeln daraufgeben. Das Dressing darüberträufeln und den Salat sofort servieren.

PFEFFRIGES BEEF-JERKY

GERÄT:

RAUCHINTENSITÄT: mittel

GEFRIERZEIT: 1–2 Std.

MARINIERZEIT: 1 Std.

GRILLZEIT: 6–7 Std.

ZUBEHÖR: Mörser

FÜR 12 PERSONEN

1 kg Rinderbraten aus der Schwanzrolle

FÜR DIE MARINADE
60 ml Sojasauce
2 EL Worcestersauce
1 EL Honig

FÜR DIE PFEFFER-WÜRZMISCHUNG
2 TL schwarze Pfefferkörner
2 TL grüne Pfefferkörner
2 TL rosa Pfefferkörner
2 TL weiße Pfefferkörner
2 TL Sichuan-Pfefferkörner

1 große Handvoll Hickoryholzstücke

Wenn der erste Rauch verflogen ist, beginnt für das Fleisch die Trocknungsphase auf dem Grill – weiterer Rauch ist dabei nicht mehr nötig.

Da die Hitze im Räuchergrill sehr schwach ist, können sich Briketts darin nicht entzünden. Bringen Sie diese deshalb rechtzeitig im Anzündkamin zum Glühen, und verwenden Sie die Briketts erst, wenn sie heiß und mit Asche bedeckt sind. Die glühenden Briketts mit einer langstieligen Metallzange in den Räuchergrill geben.

1. Den Braten 1–2 Std. im Tiefkühlgerät anfrieren lassen. Anschließend quer zur Faser in knapp 1 cm dicke Scheiben schneiden.

2. In einer großen Schüssel die Zutaten für die Marinade mit einem Schneebesen gründlich verrühren. Die Fleischscheiben hineinlegen und darin wenden. Offen für 1 Std. in den Kühlschrank stellen.

3. Währenddessen alle Pfefferkörner im Mörser (oder in einem Gefrierbeutel mit dem Boden eines schweren Topfes) grob zerstoßen. Die zerstoßenen Pfefferkörner in eine kleine Schüssel füllen und mischen.

4. Die Fleischscheiben aus der Marinade nehmen und auf einem Backblech ausbreiten. Gleichmäßig auf beiden Seiten mit der Pfeffermischung einreiben, den Pfeffer dabei auf das Fleisch drücken.

5. Den Räuchergrill für indirekte extrem schwache Hitze (etwa 80 °C) vorbereiten (siehe Seite 20–21). Dafür den Anzündkamin nur etwa zur Hälfte mit Holzkohle füllen.

6. Die Holzstücke auf die Glut legen. Den Grillrost mit der Bürste säubern. Die Fleischscheiben über INDIREKTER EXTREM SCHWACHER HITZE bei geschlossenem Deckel 6–7 Std. grillen, bis sie trocken und fast mürbe sind. Dabei ein paar glühende Holzkohlebriketts hinzufügen (siehe Tipp), damit die Hitze gleichmäßig bleibt. Die fertig gegrillten Fleischscheiben auf einer Servierplatte vollständig auskühlen lassen. Nach etwa 2 Std. servieren.

7. Übriges Beef-Jerky in einen luftdicht verschließbaren Behälter geben und im Kühlschrank bis zu 2 Wochen aufbewahren. Oder luftdicht verpacken und einfrieren, so hält es sich bis zu 4 Monate.

RINDERRIPPEN
MIT PFLAUMEN-RUM-BARBECUE-SAUCE

GERÄT:

RAUCHINTENSITÄT: stark

VORBEREITUNGSZEIT: 40 Min.

GRILLZEIT: etwa 4 Std.

FÜR 6 **PERSONEN**

Rippenleitern (Beef Back Ribs) werden aus dem Rippenbraten des Rindes geschnitten – sie sind nicht zu verwechseln mit der Spannrippe, die viel zäheres Fleisch hat.

FÜR DIE WÜRZMISCHUNG

2 EL Paprikapulver
2 EL brauner Zucker (vorzugsweise Muscovado)
2 TL gemahlener Zimt
2 TL getrockneter Thymian
2 TL grobes Meersalz
2 TL frisch gemahlener schwarzer Pfeffer
1 TL frisch geriebene Muskatnuss
½ TL gemahlener Piment
½ TL gemahlene Muskatblüte (Macis)

2 Rippenleitern vom Rind (Back Ribs; je etwa 2 kg)
60 ml Worcestersauce
8 große Stücke Hickoryholz

FÜR DIE SAUCE

600 g Pflaumen, gehackt
400 g stückige Tomaten (Dose)
1 Schalotte, fein gewürfelt
60 g Zucker
60 ml brauner Rum
60 ml Ahornsirup (vorzugsweise dunkler; Grade B)
60 ml Cidre-Essig
2 EL Dijon-Senf
2 EL Worcestersauce
2 EL frisch gehackter Ingwer
½ TL frisch gemahlener schwarzer Pfeffer
¼ TL gemahlene Gewürznelken

1. Die Zutaten für die Würzmischung in einer kleinen Schüssel mischen.

2. Mit einem stumpfen Messer auf der Rippen-Rückseite die durchsichtige, dünne Haut anheben, lockern und abziehen. Jede Rippenleiter einmal durchschneiden; so erhält man 4 Stück. Jedes Rippenstück mit der Worcestersauce, dann mit der Würzmischung einreiben. Beiseitestellen.

3. Den Räuchergrill für indirekte sehr schwache Hitze (95–120 °C) vorbereiten (siehe Seite 20–21). Wenn die Temperatur 110 °C beträgt, 2 Stücke Holz auf die Glut legen.

4. Den Grillrost mit der Bürste säubern. Die Rippen mit der Knochenseite nach unten über INDIREKTER SEHR SCHWACHER HITZE bei geschlossenem Deckel 3–3½ Std. grillen, bis sie gerade zart werden. Alle 45 Min. glühende Holzkohlen-Briketts und 2 Holzstücke nachlegen, damit die Hitze zwischen 95 und 120 °C bleibt.

5. Inzwischen die Sauce zubereiten. Dafür in einem großen Topf alle Zutaten mischen und bei mittlerer bis starker Hitze aufkochen lassen, dabei hin und wieder umrühren. Dann offen bei mittlerer bis schwacher Hitze etwa 20 Min. unter häufigem Rühren köcheln lassen, bis die Pflaumen sehr weich sind und die Sauce etwas angedickt ist. Vom Herd nehmen und mit dem Stabmixer oder in der Küchenmaschine pürieren.

6. Nach etwa 3½ Std. Räucherzeit die (ziemlich dunklen) Rippen mit Sauce bestreichen und über INDIREKTER SEHR SCHWACHER HITZE bei geschlossenem Deckel etwa 15 Min. weitergrillen. Die Rippen wenden, nochmals mit Sauce bestreichen und etwa 15 Min. grillen, bis sie glänzen und das Fleisch zart ist. Vom Grill nehmen und etwa 10 Min. ruhen lassen. Die Rippen zwischen den Knochen in Stücke schneiden und heiß mit der restlichen Sauce servieren.

Wenn Sie mit der Fleischgabel leicht zwischen den Knochen in das gegrillte Rindfleisch stechen können, ist es perfekt gegart.

RINDERBRATEN MIT PFEFFERKRUSTE

UND KRÄUTER-HASELNUSS-PESTO

GERÄT:

RAUCHINTENSITÄT: mittel

VORBEREITUNGSZEIT: 30 Min.

RUHEZEIT: 1 Std.

GRILLZEIT: etwa 2¼ Std.

ZUBEHÖR: Fleischthermometer

FÜR 6–8 **PERSONEN**

2 EL grob zerdrückte Pfefferkörner
1 EL grobes Meersalz
1 Rinderbraten (Hochrippe; etwa 3,5 kg)
1 EL Rapsöl

FÜR DAS PESTO
20 g Korianderblätter
20 g Petersilienblätter
10 g Oreganoblätter
30 g Haselnusskerne, geröstet und
    enthäutet
60 ml Sherry-Essig
3–5 Knoblauchzehen, grob gehackt
½ TL Chiliflocken
125 ml Olivenöl

grobes Meersalz
frisch gemahlener schwarzer Pfeffer

2 große Handvoll Apfel- oder Eichenholz-
    Chips, mind. 30 Min. gewässert

1. In einer kleinen Schüssel Pfefferkörner und Salz mischen. Den Braten rundherum mit Öl bestreichen und mit der Pfeffermischung einreiben. Bei Raumtemperatur 1 Std. ruhen lassen.

2. In der Küchenmaschine oder im Blitzhacker alle Zutaten für das Pesto, bis auf das Öl, zerkleinern. Anschließend das Öl bei laufendem Motor langsam dazugießen, bis eine recht flüssige Paste entsttanden ist; salzen und pfeffern. Die Paste in eine Schüssel geben, zudecken und bis zum Servieren bei Raumtemperatur beiseitestellen.

3. Den Grill für indirekte mittlere bis schwache Hitze (etwa 175 °C) vorbereiten (siehe Seite 22–23).

4. Den Grillrost mit der Bürste säubern. 1 Handvoll Holz-Chips abtropfen lassen und in die Räucherbox legen (Herstellerangaben beachten); den Grill schließen. Sobald die Chips zu rauchen beginnen, den Braten mit der Knochenseite nach unten über **INDIREKTER MITTLERER BIS SCHWACHER HITZE** bei geschlossenem Deckel etwa 2¼ Std. grillen. Nach der ersten Stunde die restlichen Holz-Chips abtropfen lassen und in die Räucherbox legen. Das Thermometer in den Braten stecken, dabei nicht den Knochen berühren. Beträgt die Kerntemperatur etwa 50 °C, ist das Fleisch medium rare.

5. Den Braten vom Grill nehmen und etwa 20 Min. ruhen lassen. Anschließend in dicke Scheiben schneiden und mit dem Pesto servieren.

Zum Rösten und Häuten die Haselnüsse auf einem Backblech ausbreiten und im 175 °C heißen Backofen etwa 10 Min. rösten, bis die Häutchen aufplatzen. Dabei immer wieder wenden. Die gerösteten Nüsse auf ein Küchentuch geben und 10 Min. abkühlen lassen; anschließend im Tuch aneinanderreiben und dabei die Häutchen größtenteils ablösen.

GERÄUCHERTES RINDERFILET AUF MAROKKANISCHE ART

GERÄT:

RAUCHINTENSITÄT: mittel

VORBEREITUNGSZEIT: 20 Min.

MARINIERZEIT: 15–30 Min.

GRILLZEIT: etwa 42 Min.

ZUBEHÖR: Gewürzmühle oder Mörser; festes Küchengarn; große Einweg-Aluschale; Fleisch-thermometer

FÜR 6–8 **PERSONEN**

FÜR DIE WÜRZMISCHUNG
1½ TL Kümmelsamen
1½ TL Koriandersamen
1½ TL Kreuzkümmelsamen
1½–2 TL brauner Zucker
        (vorzugsweise Muscovado)
1 TL grobes Meersalz
¼ TL Zimtpulver
¼ TL frisch gemahlener schwarzer
        Pfeffer
1 Messerspitze gemahlene Gewürznelke

1 Rinderfilet, von Silberhäutchen und
        Fett befreit (möglichst aus dem
        dickeren Mittelstück; etwa 1,5 kg)
2 EL Olivenöl
2 große Handvoll Mesquiteholz-Chips,
        mind. 30 Min. gewässert

Der mittlere Teil des Rinderfilets (auch Chateaubriand) ist dicker als die Enden des Filets und deshalb am besten zum Grillen geeignet – das Fleisch gart besonders gleichmäßig, ohne trocken zu werden.

Braten Sie das Fleisch über direkter Hitze rundherum an, sobald die Kohlen eine Temperatur von etwa 230 °C erreicht haben. Danach hat der Grill die richtige Temperatur, um den Braten bei indirekter Hitze weiterzugaren.

1. Die Gewürzsamen im Mörser grob zerstoßen (oder mit dem Boden eines schweren Topfes zerdrücken). In eine kleine Schüssel geben und die übrigen Zutaten für die Würzmischung hinzufügen.

2. Das Fleisch mit Küchengarn gleichmäßig binden, damit es kompakt wird. Dünn mit Öl bestreichen und rundherum mit der Würzmischung einreiben. Bei Raum-temperatur 15–30 Min. durchziehen lassen.

3. Eine Zwei-Zonen-Glut für mittlere bis starke Hitze (200-260 °C) vorbereiten (siehe Seite 18–19). Die Aluschale neben die Glut stellen und drei Viertel hoch mit Wasser füllen.

4. Den Grillrost mit der Bürste säubern. Den Braten über DIREKTER MITTLERER BIS STARKER HITZE bei geschlossenem Deckel etwa 12 Min. anbraten, dabei das Fleisch alle 3–4 Min. um eine Vierteldrehung wenden.

5. Anschließend den Braten über INDIREKTE MITTLERE BIS STARKE HITZE über die Aluschale legen. Die Holz-Chips abtropfen lassen und auf die Glut legen. Den Grill schließen und das Fleisch etwa 30 Min. grillen. Das Thermometer an der dicksten Stelle in den Braten stecken, ohne dass es dabei den Knochen berührt. Wenn es etwa 50 °C anzeigt, ist das Fleisch medium rare. Das Fleisch auf ein Brett heben und 5-10 Min. ruhen lassen.

6. Das Küchengarn entfernen und den Braten quer zur Faser in etwa 1,5 cm breite Scheiben schneiden. Warm servieren.

LAMM-ROLLBRATEN AUS DEM EICHENRAUCH

MIT HASELNUSS-GREMOLATA

GERÄT:

RAUCHINTENSITÄT: mittel

VORBEREITUNGSZEIT: 30 Min.

GRILLZEIT: etwa 1 Std.

ZUBEHÖR: festes Küchengarn; große Einmal-Aluschale; Fleisch-thermometer

FÜR 8 PERSONEN

FÜR DIE GREMOLATA
2 Knoblauchzehen
100 g Haselnusskerne, geröstet, gehäutet und grob gehackt
1 Bund Petersilie, Blätter abgezupft, zarte Stängel aufbewahrt
abgeriebene Schale von 2 Bio-Zitronen
grobes Meersalz
frisch gemahlener schwarzer Pfeffer

1 Lammrollbraten (Keule; 2 kg)
Olivenöl
2 große Handvoll Eichenholz-Chips, mind. 30 Min. gewässert

Holz vom Weinstock ist eine her-vorragende Alternative zu Eichenholz.

1. Den Knoblauch schälen und im Blitzhacker zerkleinern. Die anderen Zutaten für die Gremolata sowie je ½ TL Salz und Pfeffer dazugeben; alles zu einer groben Paste verarbeiten.

2. Das Lammfleisch mit der aufgeschnittenen Seite nach oben auf der Arbeitsfläche ausbreiten. Die Gremolata gleichmäßig auf das Fleisch streuen. Von einem brei-ten Ende her die Fleischscheibe aufrollen und über Kreuz mit dem Küchengarn zusammenbinden. Den Braten mit Öl bestreichen und mit 1 TL Salz und ½ TL Pfeffer bestreuen. Beiseitestellen (nicht in den Kühlschrank).

3. Eine Zwei-Zonen-Glut für mittlere Hitze (175–230 °C) vorbereiten (siehe Seite 18–19). Die Aluschale neben die Glut stellen und drei Viertel hoch mit Wasser füllen.

4. Den Grillrost mit der Bürste säubern. Den Lammrollbraten über DIREKTER MITTLERER HITZE bei geschlossenem Deckel etwa 12 Min. anbraten, bis er rund-um schön gebräunt ist.

5. Von den Holz-Chips 1 Handvoll abtropfen lassen und auf die Glut legen. Den Braten über die Aluschale auf den Grill platzieren und über INDIREKTER MITTLERER HITZE 30 Min. grillen. Die restlichen Holz-Chips abtropfen lassen und auf die Glut legen. Falls nötig, weitere glühende Holzkohle dazugeben, um die Temperatur zu halten. Den Braten bei geschlossenem Deckel etwa 20 Min. weitergrillen. Das Thermometer an der dicksten Stelle in den Braten stecken: Wenn es etwa 50 °C anzeigt, ist der Braten medium rare.

6. Den Braten auf ein Brett heben und etwa 5 Min. ruhen lassen. Quer in etwa 1 cm dicke Scheiben schneiden, dann das Küchengarn entfernen. Sofort servieren.

Entfernen Sie das Küchengarn erst nach dem Tranchieren. So hält der Braten zusammen und lässt sich besser in gleich dicke Scheiben schneiden.

LAMMSCHULTER
MIT GEMÜSE-COUSCOUS

GERÄT:

RAUCHINTENSITÄT: mittel

VORBEREITUNGSZEIT: 30 Min.

KÜHLZEIT: 12–24 Std.

GRILLZEIT: etwa 2¼ Std.

ZUBEHÖR: festes Küchengarn;
Fleischthermometer

FÜR 6 PERSONEN

FÜR DIE WÜRZPASTE
60 ml Olivenöl
1–2 Zweige Thymian, die Blätter
    abgezupft
4 Knoblauchzehen, fein gewürfelt
1½ TL Chiliflocken
1 TL grobes Meersalz
½ TL frisch gemahlener schwarzer
    Pfeffer

1 Lammschulter ohne Knochen
    (etwa 1,5 kg)

2 große Handvoll Pekannussholz-Chips,
    mind. 30 Min. gewässert

2 EL Butter
4 Frühlingszwiebeln (nur die weißen
    und hellgrünen Teile), in dünne
    Ringe geschnitten
1 rote Paprikaschote, klein gewürfelt
1 kleine Zucchini, klein gewürfelt
2 TL gehackter frischer oder
    1 TL getrockneter Oregano
1 TL Paprikapulver
¾ TL grobes Meersalz
½ TL frisch gemahlener schwarzer
    Pfeffer
750 ml Hühnerbrühe
200 g Instant-Couscous

1. Die Zutaten für die Würzpaste im Blitzhacker oder in der Küchenmaschine zu einer glatten Masse verarbeiten.

2. Die Lammschulter mit der flachen Seite nach unten auf die Arbeitsfläche legen. Die Würzpaste dick daraufstreichen. Die Lammschulter vom langen Ende her aufrollen und an mehreren Stellen mit Küchengarn umwickeln, damit die Rolle in Form bleibt. In einen großen Gefrierbeutel legen, diesen verschließen und für 12–24 Std. in den Kühlschrank legen.

3. Den Grill für indirekte mittlere Hitze (175–230 °C) vorbereiten (siehe Seite 22–23).

4. Die Lammschulter aus dem Beutel nehmen. Den Grillrost mit der Bürste säubern. 1 Handvoll Holz-Chips abtropfen lassen und in die Räucherbox des Gasgrills legen (Herstellerangaben beachten). Den Grill schließen. Sobald die Chips zu rauchen beginnen, die Lammschulter über INDIREKTER MITTLERER HITZE bei geschlossenem Deckel 1 Std. grillen. Dann die restlichen Chips abtropfen lassen und in die Räucherbox legen. Den Grill schließen und das Fleisch etwa 1¼ Std. weitergrillen, bis die Kerntemperatur bei etwa 65 °C liegt. Die Lammschulter vom Grill nehmen, fest in Alufolie wickeln und 15–20 Min. ruhen lassen.

5. Inzwischen den Gemüse-Couscous zubereiten. Dafür in einem großen Topf die Butter zerlassen. Das Gemüse darin bei mittlerer Hitze unter gelegentlichem Rühren etwa 4 Min. dünsten. Oregano, Paprika, Salz und Pfeffer untermischen. Die Brühe dazugießen und bei starker Hitze zum Kochen bringen. Den Couscous hineinrühren, den Topf vom Herd nehmen und fest verschließen. Den Couscous etwa 5 Min. quellen lassen, bis alle Flüssigkeit aufgenommen ist. Den fertigen Gemüse-Couscous mit einer Gabel auflockern.

6. Die Lammschulter aus der Folie wickeln, das Küchengarn entfernen und das Fleisch quer zur Faser in Scheiben schneiden. Den Gemüse-Couscous auf Tellern verteilen und das Fleisch darauf anrichten. Den Fleischsaft, der beim Aufschneiden ausgetreten ist, darübergießen.

Mit der Würzpaste können Sie auch eine ausgelöste Lammkeule von etwa 2 kg würzen und nach dem Rezept auf Seite 76 zubereiten.

GERÄUCHERTE RINDERBRUST

GERÄT:

RAUCHINTENSITÄT: stark

VORBEREITUNGSZEIT: 30 Min.

MARINIERZEIT: 12–24 Std.

GRILLZEIT: 7–9 Std.

RUHEZEIT: 1–2 Std.

ZUBEHÖR: Spritze; extragroße
Einweg-Aluschale für Braten;
Fleischthermometer

FÜR 12–15 PERSONEN

1 ausgelöste Rinderbrust mit Fettauflage
 (4–5 kg; vorzugsweise vom
 Angus-Rind)
250 ml Fleischbrühe
60 g Senf

FÜR DIE WÜRZMISCHUNG
2 EL reines Chilipulver (vorzugsweise
 Ancho-Chilipulver)
1 EL brauner Zucker
1 EL Meersalz
1 EL Zwiebelpulver
1 EL Paprikapulver
1 EL gemahlener Kreuzkümmel
2 TL frisch gemahlener schwarzer Pfeffer
2 TL gemahlener Piment

8 Stücke Mesquiteholz (mittlere Größe)

*Für die Zubereitung dieses Bra-
tens sollten Sie den ganzen Tag einpla-
nen – Ihre Mühe und Geduld werden
mit einem äußerst zarten und köstlichen Braten belohnt. Verwenden Sie
einen großen Räuchergrill.*

*Planen Sie bei diesem Rezept im Voraus. Das Fleisch muss vermutlich beim
Metzger vorbestellt werden. Sie benötigen eine ganze Rinderbrust, bestehend
aus Brustspitze, Brustkern und Nachbrust, möglichst vom Angus-Rind.*

1. Am Vorabend die Rinderbrust vorbereiten. Mit einem scharfen Messer so viel von
   der Fettschicht entfernen, dass 1–1,5 cm (nicht weniger!) stehen bleiben. Die Rinderbrust wenden und, falls vorhanden, die dünne Haut entfernen. Die Brühe in die
   Spritze füllen und das Fleisch damit »impfen«: Dafür das Fleisch mit der Fettseite
   nach unten in die Aluschale legen und imaginär in etwa 2 cm große Quadrate einteilen. In jedes gedachte Quadrat etwas Brühe spritzen, dabei die Nadel parallel
   zur Faser einstechen und während des Injizierens langsam wieder aus dem Fleisch
   ziehen (siehe kleines Bild). Versuchen Sie, dass so viel Brühe wie möglich im
   Fleisch landet – ein Teil geht beim Einspritzen zwangsläufig verloren. Nach dem
   »Impfen« den Braten rundherum mit Senf bestreichen.

2. Die Zutaten für die Würzmischung in einer kleinen Schüssel mischen. Über den
   Braten streuen und mit dem Senf und der Brühe einmassieren – Würzmischung,
   Senf und Brühe verbinden sich dabei zu einer Paste. Den Braten mit der Fleischseite nach unten in die Aluschale legen, zudecken und für 12–24 Std. in den Kühlschrank stellen.

3. Den Räuchergrill für indirekte sehr schwacher Hitze (95–120 °C) vorbereiten
   (siehe Seite 20–21).

4. Zwei Holzstücke auf die Glut legen. Die Rinderbrust in der Aluschale über
   INDIREKTER SEHR SCHWACHER HITZE bei geschlossenem Deckel 4 Std. grillen,
   dabei nach Bedarf die Temperatur mithilfe der Lüftungsschieber konstant bei
   100 °C halten. Zu jeder Stunde 2 Holzstücke auf die Glut legen und den Braten
   mit dem Saft, der sich in der Aluschale gesammelt hat, begießen.

5. Nach 4 Std. Grillzeit die Kerntemperatur des Bratens mit dem Fleischthermometer
   messen. Wenn sie bei 75 °C liegt, den Braten in der Schale vom Grill nehmen,
   andernfalls weitergrillen. Den Räuchergrill wieder schließen; weitere glühende
   Holzkohlen-Briketts auf die Glut legen und die Wasserauffangschale füllen.

6. Auf einer Arbeitsfläche 3 Stück extrastarke Alufolie (jeweils etwa 90 cm lang) so
   ausbreiten, dass sie sich an den Längsseiten knapp überlappen. Den Braten mit
   der Fleischseite nach unten darauflegen. Etwa 125 ml Bratenfond darübergießen
   und den Braten so fest in die Folie packen, dass kein Dampf entweichen kann.
   Den restlichen Bratenfond aus der Aluschale gießen; er wird nicht mehr benötigt.

Zum »Impfen« des Fleisches die Nadel in den Braten stechen und die Brühe möglichst gleichmäßig hineinspritzen. Beim Herunterdrücken des Kolbens die Nadel langsam aus dem Fleisch ziehen.

7. Den Braten in der Folie wieder in die Aluschale legen und die Schale auf den Räuchergrill über INDIREKTE SEHR SCHWACHE HITZE stellen. Bei geschlossenem Deckel 3–5 Std. weitergrillen, bis das Fleisch so zart ist, dass man leicht mit dem Fleischthermometer hineinstechen kann und die Kerntemperatur etwa 90 °C beträgt. (Die Struktur des Fleisches ist hier der besserer Indikator für den Garzustand. Die Grilldauer hängt stark von der Fleischqualität ab.) Den Braten vom Grill nehmen und bei Raumtemperatur 1–2 Std. ruhen lassen.

8. Den Braten aus der Folie wickeln und quer zur Faser in dünne Scheiben schneiden. Warm mit einer Grillsauce und Beilagen servieren. Als Beilage passen Bohnen mit Cidre und Bacon (Rezept siehe Seite 149). Bratenreste können beispielsweise für Tamales (Rezept siehe Seite 85) verwendet werden.

RIND UND LAMM

TAMALES MIT GERÄUCHERTER RINDERBRUST

VORBEREITUNGSZEIT: 40 Min.

DÄMPFZEIT: 1½ Std.

ZUBEHÖR: großer Dämpftopf mit großem Einsatz

FÜR 12 PERSONEN

FÜR DIE SAUCE
2 EL Olivenöl
1 rote Zwiebel, fein gewürfelt
1 EL gehackter Knoblauch
200 g stückige Tomaten (Dose)
250 ml helles Bier (vorzugsweise eine mexikanische Sorte)
2 getrocknete Chilischoten (vorzugsweise Pasilla), geputzt, entkernt und in Streifen geschnitten
1 EL Apfelessig
1 TL getrockneter Oregano
1 TL gemahlener Kreuzkümmel
½ TL grobes Meersalz

200 g getrocknete Mais(kolben)blätter für Tamales (etwa 48 Stück; siehe rechts oben)

1 kg geräucherte Rinderbrust (siehe Rezept Seite 80), grob zerkleinert

600 g Instant-Maismehl (Masa Harina oder Maisgrieß)
2 TL Backpulver
2 TL grobes Meersalz
300 g zerlassenes Schmalz
saure Sahne
gehacktes Koriandergrün

Getrocknete Maisblätter für Tamales bekommen Sie in Geschäften mit mexikanischen Lebensmitteln oder im Onlinehandel. Weichen Sie besser zu viele als zu wenige Blätter ein – ein paar gehen immer kaputt, und ein paar sind zu klein.

1. Für die Sauce in einem Topf das Öl erhitzen. Die Zwiebelwürfel darin in etwa 3 Min. glasig dünsten. Den Knoblauch dazugeben und 2 Min. mitdünsten. Die restlichen Saucenzutaten unterrühren; alles aufkochen und bei mittlerer bis schwacher Hitze offen in etwa 20 Min. unter gelegentlichem Rühren leicht einkochen lassen. Den Topf vom Herd nehmen und zugedeckt 15 Min. stehen lassen. Anschließend den Topfinhalt pürieren.

2. Die Maisblätter in einen großen Topf legen und mit kochend heißem Wasser bedecken. Einen Teller auf die Blätter legen, damit sie vom Wasser bedeckt bleiben. Die Blätter etwa 30 Min. einweichen.

3. Die geräucherte Rinderbrust in der Küchenmaschine oder mit einem schweren Messer grob hacken. In eine Schüssel füllen und 180 ml Sauce untermischen.

4. In der Rührschüssel der Küchenmaschine Maismehl, Backpulver und Salz mischen. 1 l warmes Wasser und das Schmalz hinzufügen und alles mit dem Knethaken bei niedriger Stufe zu einem kompakten, weichen Teig verarbeiten.

5. Die Maisblätter gut abtropfen lassen. Ein paar davon längs in 40 dünne Streifen reißen, um die Tamales damit zusammenzubinden. Für jedes Tamale ein Blatt mit der gewölbten Seite nach oben und dem spitzen Ende nach hinten zeigend auf die Arbeitsfläche legen. Etwa 3 gehäufte EL Maisteig (Masa) auf die Mitte des Blattes setzen. Den Teig zu einem etwa 12 x 10 cm großen Rechteck verstreichen, dabei das spitz zulaufende Blattende frei lassen. 1–2 EL Fleischmasse als Streifen auf die Mitte der Teigfläche geben. Die beiden Längsseiten des Blattes so über der Fleischfüllung zusammenschlagen, dass sie vom Teig umhüllt wird. Die Teignaht zusammendrücken. Den Teig mit dem Blatt umwickeln, dann die Blattspitze nach unten schlagen und die Tamale mit einem Blattstreifen zusammenbinden. Das untere Ende bleibt offen. Die Tamale mit einem Blattstreifen zubinden (siehe Foto unten links).

6. Einen großen Dämpfeinsatz oder Dämpfkorb in einen großen Topf setzen. So viel Wasser in den Topf gießen, dass es den Boden des Einsatzes beinahe berührt. Die Tamales mit dem offenen Ende nach oben nicht zu dicht nebeneinander in den Einsatz stellen. Den Deckel locker auf den Topf legen und das Wasser bei starker Hitze zum Kochen bringen, dann die Hitze nur so weit reduzieren, dass ständig Wasserdampf im Topf ist. Die Tamales etwa 1½ Std. dämpfen, bis der Teig nicht mehr roh aussieht und so fest ist, dass man ihn leicht aus dem Blatt lösen kann. Falls nötig, kochendes Wasser in den Topf nachgießen.

7. Die restliche Sauce erwärmen und in eine Schüssel füllen. Die Tamales mit der warmen Sauce, saurer Sahne und Koriandergrün servieren.

Nicht nur geräucherte Rinderbrust, sondern jedes geräucherte Fleisch eignet sich für dieses Rezept. Versuchen Sie auch einmal Hähnchen- oder Schweinefleisch.

WÜRZIGER GERÄUCHERTER RINDERROLLBRATEN

GERÄT:

RAUCHINTENSITÄT: mittel

VORBEREITUNGSZEIT: 15 Min.

DÄMPFZEIT: etwa 2 Std.

KÜHLZEIT: etwa 4 Std.

GRILLZEIT: etwa 1 Std.

ZUBEHÖR: große Einweg-Aluschale

FÜR 6 PERSONEN

FÜR DEN GARSUD

2 EL Korianderkörner
2 EL schwarze Pfefferkörner
1 EL Kardamomkapseln
1 EL grobes Meersalz
2 Stück Sternanis
1 Zimtstange

1 Rinderrollbraten (Schulter; etwa 1,5 kg)

FÜR DIE SAUCE

1 EL Öl
1 kleine Zwiebel, fein gewürfelt
2 EL frisch gehackter Ingwer
2 TL gehackter Knoblauch
250 ml Ketchup
250 ml Tomaten-Chili-Sauce oder
    Barbecue-Sauce (Fertigprodukt)
125 ml Sherry- oder Apfelessig
125 g brauner Zucker
60 ml Wasser
60 g körniger Senf
1 Msp. Tabasco

2 Handvoll Mesquiteholz-Chips,
    mind. 30 Min. gewässert

Den Braten können Sie nach dem Garen zugedeckt bis zu 1 Tag im Kühlschrank aufbewahren. Vor dem Grillen in etwa 1 Std. Raumtemperatur annehmen lassen.

1. In einem großen Schmortopf 3 l Wasser mit den Zutaten für den Garsud bei starker Hitze aufkochen lassen. Den Braten hineinlegen. Falls nötig, so viel Wasser dazugießen, bis der Braten bedeckt ist. Alles wieder aufkochen und bei mittlerer bis schwacher Hitze zugedeckt etwa 2 Std. köcheln lassen, bis das Fleisch gar ist bzw. eine Kerntemperatur von 80 °C hat.

2. Das Fleisch auf eine Platte heben (den Sud weggießen) und bei Raumtemperatur etwa 2 Std. abkühlen lassen. Anschließend in Frischhaltefolie wickeln und für mind. 2 Std. in den Kühlschrank legen.

3. Für die Sauce das Öl in einem Topf erwärmen. Zwiebel mit Ingwer und Knoblauch darin in etwa 3 Min. glasig dünsten. Die übrigen Saucenzutaten hinzufügen und alles aufkochen lassen. Die Sauce bei mittlerer bis schwacher Hitze unter häufigem Rühren in etwa 20 Min. einkochen lassen. Vom Herd nehmen und abkühlen lassen.

4. Eine Zwei-Zonen-Glut für schwache Hitze (120–175 °C) vorbereiten (siehe Seite 18–19). Die Hitze dann zwischen 160 und 175 °C konstant halten. Die Einweg-Aluschale neben die Holzkohle stellen und drei Viertel hoch mit Wasser füllen.

5. Den Grillrost mit der Bürste säubern. 1 Handvoll Holz-Chips abtropfen lassen und auf die Glut legen. Den Grill schließen. Sobald die Chips zu rauchen beginnen, den Braten über INDIREKTER SCHWACHER HITZE bei geschlossenem Deckel 30 Min. grillen. Die restlichen Holz-Chips abtropfen lassen, auf die Glut legen und den Grill schließen. Den Braten über INDIREKTER SCHWACHER HITZE etwa 30 Min. weitergrillen, bis das Fleisch eine Kerntemperatur von 55–60 °C hat. Während der letzten 10 Min. den Braten mit etwas Sauce bestreichen. Den fertigen Braten vom Grill nehmen. Auf ein Brett legen, mit Alufolie abdecken und etwa 10 Min. ruhen lassen. Den Braten quer zur Faser in dünne Scheiben schneiden. Mit der restlichen Sauce und Weißbrot (nach Belieben) servieren. Dazu passt Klassischer Coleslaw (siehe Seite 145).

CHILI AUS DEM MESQUITE-RAUCH

 GERÄT:

RAUCHINTENSITÄT: mittel

VORBEREITUNGSZEIT: 30 Min.

GRILLZEIT: etwa 2¼ Std.

ZUBEHÖR: Gusseisentopf (Dutch Oven; etwa 5 l Inhalt)

FÜR 4–6 PERSONEN

Wer möchte, kann das Chili mit Bohnen anreichern. Dafür Bohnen von zwei Dosen (je 400 g Inhalt; z. B. Wachtel- oder rosa Bohnenkerne) abtropfen lassen und 15 Min. vor Ende der Garzeit unter das Chili mischen.

2 Rinderschmorbraten (Schulter;
    je etwa 900 g)
4 EL Olivenöl
grobes Meersalz
frisch gemahlener schwarzer Pfeffer

4 Stücke Mesquiteholz

2 Zwiebeln, grob gewürfelt
je 1 rote und grüne Paprikaschote,
    in etwa 1,5 cm große Stücke
    geschnitten
4 Knoblauchzehen, gehackt
1 Chilischote (vorzugsweise Serrano),
    entkernt und gewürfelt
30 g Chilipulver (Gewürzmischung)
2 TL getrockneter Oregano
2 TL gemahlener Kreuzkümmel
1 große Dose Tomaten (800 g Inhalt)
375 ml dunkles Bier

1. Eine Zwei-Zonen-Glut für starke Hitze (230–290 °C) vorbereiten (siehe Seite 18–19).

2. Die Braten halbieren; jede Hälfte mit 1 EL Öl bestreichen und mit 1½ TL Salz und ¾ TL Pfeffer würzen. Die Fleischstücke bei Raumtemperatur 15–30 Min. ruhen lassen.

3. Den Grillrost mit der Bürste säubern. 2 Holzstücke auf die Glut legen. Den Grill schließen. Sobald Rauch aufsteigt, die Braten über DIREKTER STARKER HITZE bei geschlossenem Deckel etwa 6 Min. grillen, dabei einmal wenden. Sie sollten dann rundherum gebräunt sein. Anschließend die Braten über INDIREKTE STARKE HITZE legen und weitergrillen.

4. Inzwischen die restlichen 2 EL Öl in den Topf gießen; Zwiebeln, Paprikaschoten, Knoblauch und Chilischote dazugeben. Über DIREKTER STARKER HITZE bei geschlossenem Deckel grillen, bis die Zwiebeln weich sind, dabei ab und zu umrühren. Das dauert 8–10 Min. Chilipulver, Oregano und Kreuzkümmel untermischen. Die Tomaten in der Dose mit einem Messer grob zerkleinern. Mit dem Saft und Bier hinzufügen. Die Bratenteile in den Topf legen und alles zum Kochen bringen. Den Topf zudecken oder fest mit Alufolie verschließen.

5. Währenddessen dürfte die Hitze etwa 175 °C erreicht haben. Den Topf über INDIREKTE MITTLERE HITZE stellen und die Braten etwa 2 Std. grillen, bis das Fleisch so zart ist, dass es zerfällt. Dabei nach 1 Std. glühende Holzkohle-Briketts zur Glut geben, um die Hitze zu halten; außerdem die 2 restlichen Holzstücke hinzufügen. Den Topf nach dem Ende der Grillzeit vom Grill nehmen. Den Topf öffnen; das Chili 5 Min. im Topf ruhen lassen, dann das Fett von der Oberfläche abnehmen und das Fleisch mit zwei Gabeln in mundgerechte Stücke zupfen. Das Gericht mit Salz und Pfeffer würzen; sofort servieren.

Geflügel

ENTENBRUST AUS DEM TEE-RAUCH

MIT PONZU-SAUCE

GERÄT:

RAUCHINTENSITÄT: mittel

VORBEREITUNGSZEIT: 15 Min.

GRILLZEIT: 10–11 Min.

ZUBEHÖR: Gusseisenpfanne (etwa 30 cm Ø); große Einweg-Aluschale

FÜR 4 PERSONEN

Ritzen Sie die Haut der Entenbrustfilets kreuzweise ein. Dadurch schmilzt das Fett unter der Haut besser, und sie wird schön knusprig.

FÜR DIE WÜRZMISCHUNG

1½ TL Fünf-Gewürze-Pulver
1½ TL Knoblauchpulver
½ TL grobes Meersalz

4 Entenbrustfilets (je 120–180 g)

50 g Schwarzteeblätter
3 EL brauner Zucker
50 g Reis

FÜR DIE SAUCE

80 ml Limettensaft
60 ml Sojasauce
2 EL Honig

1. Die Zutaten für die Würzmischung in einer kleinen Schüssel vermischen. Mit einem scharfen Messer die Haut der Entenbrüste kreuzweise einritzen, dabei nicht ins Fleisch schneiden. Die Entenbrustfilets rundum gleichmäßig mit der Würzmischung einreiben.

2. Eine Zwei-Zonen-Glut für mittlere Hitze (175–230 °C) vorbereiten (siehe Seite 18–19). Die Einweg-Aluschale neben die Holzkohle stellen und drei Viertel hoch mit Wasser füllen.

3. In einer kleinen Schüssel die Teeblätter mit dem Zucker und dem Reis mischen. Die Mischung auf ein Stück extrastarke Alufolie (35 x 60 cm) schütten. Die langen Seiten der Folie darüberschlagen, dann die kurzen Seiten locker so darüberfalten, dass ein Päckchen entsteht.

4. Die Saucenzutaten in einer kleinen Schüssel mischen.

5. Den Grillrost mit der Bürste säubern. Die Pfanne auf dem Grill über DIREKTER MITTLERER HITZE 5 Min. erhitzen. Die Entenbrustfilets mit der Haut nach unten in die Pfanne legen und in 2–3 Min. goldbraun und knusprig grillen. Die Entenbrustfilets aus der Pfanne nehmen; beiseitestellen. Mit Grillhandschuhen die Pfanne vorsichtig vom Grill nehmen, das Fleisch herausnehmen und das Fett abgießen (es wird nicht mehr benötigt).

6. Das Tee-Reis-Päckchen mit der Öffnung nach oben auf die Glut legen. Sobald es zu rauchen beginnt, die Entenbrüste mit den Hautseiten nach oben über INDIREKTE MITTLERE HITZE über die Wasserpfanne legen. Den Grill schließen und die Entenbrustfilets bis zum gewünschten Gargrad grillen – nach etwa 8 Min. sind sie medium. Vom Grill nehmen und 3–4 Min. ruhen lassen. Mit der Sauce servieren.

SANDWICHES MIT HÄHNCHEN-SOUVLAKI
UND ZAZIKI

GERÄT:

RAUCHINTENSITÄT: mittel

VORBEREITUNGSZEIT: 25 Min.

KÜHLZEIT: mind. 1 Std.

GRILLZEIT: 9–13 Min.

FÜR 6 **PERSONEN**

FÜR DAS ZAZIKI
200 g griechischer Sahnejoghurt
½ große Salatgurke, geraspelt
    (etwa 70 g)
2 EL Tahin (Sesampaste)
2 EL Zitronensaft
1 EL gehackter Dill
1 Knoblauchzehe, zerdrückt
grobes Meersalz
frisch gemahlener schwarzer Pfeffer

2 TL gemahlener Kreuzkümmel
2 TL gemahlener Koriander

4 Hähnchenbrustfilets (je etwa 170 g)
2 EL Olivenöl

1 große Handvoll Eichenholz-Chips,
    mind. 30 Min. gewässert
6 Vollkorn-Pitataschen, aufgeschnitten
2 Handvoll in Streifen geschnittener
    Eisbergsalat
3 reife Eiertomaten, in dünne Scheiben
    geschnitten
½ rote Zwiebel, in dünne Ringe
    geschnitten

1. Für das Zaziki in einer Schüssel den Joghurt mit Gurke, Tahin, Zitronensaft, Dill und Knoblauch mischen; mit Salz und Pfeffer würzen. Zudecken und für mind. 1 Std. (bis zu 1 Tag) kalt stellen.

2. In einer kleinen Schüssel Kreuzkümmel, Koriander, ¾ TL Salz und ½ TL Pfeffer mischen. Die Hähnchenbrustfilets auf beiden Seiten mit Öl bestreichen und mit der Würzmischung einreiben.

3. Eine Zwei-Zonen-Glut für mittlere Hitze (175–230 °C) vorbereiten (siehe Seite 18–19).

4. Den Grillrost mit der Bürste säubern. Die Holz-Chips abtropfen lassen und auf die Glut geben. Den Grill schließen. Sobald die Chips zu rauchen beginnen, die Hähnchenbrustfilets mit der flachen Seite nach unten über DIREKTER MITTLERER HITZE bei geschlossenem Deckel 8–12 Min. grillen, dabei ein- oder zweimal wenden. Sobald sich das Fleisch fest anfühlt und beim Hineinstechen mit einer Messerspitze klarer Saft austritt, die Hähnchenfilets vom Grill nehmen und 3–5 Min. ruhen lassen; anschließend in 1 cm dicke Scheiben schneiden.

5. Die Pitabrote über DIREKTER MITTLERER HITZE bei geschlossenem Deckel etwa 1 Min. grillen, dabei einmal wenden. Vom Grill nehmen und aufdrücken. Mit Hähnchenfleisch, Zaziki, Salat, Tomate und Zwiebel füllen; sofort servieren.

🔥 *Übrig gebliebenes Zaziki ist ein prima Dip für Brot-Chips oder Gemüsesticks. Sie können es bis zu 3 Tage lang im Kühlschrank aufbewahren.*

HÄHNCHENSCHENKEL AUS DEM HICKORY-RAUCH
MIT BARBECUE-SAUCE

GERÄT:

RAUCHINTENSITÄT: mittel

VORBEREITUNGSZEIT: 20 Min.

GRILLZEIT: 45 Min.

FÜR 4 **PERSONEN**

FÜR DIE WÜRZMISCHUNG
2 TL Paprikapulver
2 TL grobes Meersalz
½ TL Knoblauchgranulat
½ TL frisch gemahlener schwarzer
    Pfeffer

4 ganze Hähnchenschenkel,
    (je etwa 300 g; in Ober- und
    Unterschenkel geteilt)

FÜR DIE BARBECUESAUCE
220 ml Ketchup
60 ml Apfelessig
1 EL brauner Zucker
1 EL Dijon-Senf
2 TL Tabasco

2 Handvoll Hickoryholz-Chips,
    mind. 30 Min. gewässert

Die Hähnchenhaut wird besonders knusprig, wenn Sie sie während des Grillens immer wieder mit etwas Sauce bestreichen.

1. Alle Zutaten für die Würzmischung in einer kleinen Schüssel mischen. Die Hähnchenteile rundum damit einreiben.

2. Den Grill für direkte und indirekte mittlere Hitze (175–230 °C) vorbereiten (siehe Seite 22–23).

3. In einem Topf alle Zutaten für die Barbecuesauce verrühren. Aufkochen und bei mittlerer Hitze unter gelegentlichem Rühren 6–8 Min. kochen lassen, bis die Sauce leicht andickt.

4. Den Grillrost mit der Bürste säubern. Die Hähnchenteile zuerst mit den Hautseiten nach unten über DIREKTER MITTLERER HITZE bei geschlossenem Deckel 6–10 Min. grillen, bis sie goldbraun sind; dabei ab und zu wenden. Anschließend die Hähnchenteile über INDIREKTE MITTLERE HITZE legen. Die Holz-Chips abtropfen lassen und auf die Glut geben. Den Grill schließen und das Fleisch etwa 35 Min. weitergrillen, bis beim Anstechen klarer Fleischsaft herausfließt und das Fleisch auch am Knochen nicht mehr rosa ist. Die Hähnchenteile während der letzten 20 Min. immer wieder mit der Sauce bestreichen und wenden. Vom Grill nehmen und 3 bis 5 Min. ruhen lassen. Heiß oder warm mit der übrigen Sauce servieren.

TANDOORI-HÄHNCHEN
MIT MAIS UND TOMATEN-SALSA

GERÄT:

RAUCHINTENSITÄT: stark

VORBEREITUNGSZEIT: 30 Min.

MARINIERZEIT: 6–8 Std.

GRILLZEIT: etwa 1¼ Std.

ZUBEHÖR: große Einweg-Aluschale

FÜR 6 PERSONEN

FÜR DIE MARINADE
300 g griechischer Sahnejoghurt
1 kleine Zwiebel, gewürfelt
2 EL frisch gehackter Ingwer
2 EL Zitronensaft
2 EL Currypulver
2 EL Paprikapulver
4 Knoblauchzehen, grob gewürfelt
2 TL grobes Meersalz
¼ TL Cayennepfeffer

6 Hähnchenschenkel ohne Haut
(je etwa 300 g)

FÜR DIE SALSA
2 Maiskolben, ohne Hüllblätter
3 Eiertomaten, entkernt und in etwa
1 cm dicke Spalten geschnitten
60 g rote Zwiebelwürfel
2 EL gehackte Korianderblätter
2 TL frisch gehackter Ingwer
3 EL Apfelessig
2 TL Zucker
½ TL gemahlener Kreuzkümmel
½ TL gemahlener Koriander
¼ TL gemahlener Zimt
¼ TL Chiliflocken
¼ TL grobes Meersalz

2 große Handvoll Apfelholz-Chips,
mind. 30 Min. eingeweicht

1. Die Zutaten für die Marinade in der Küchenmaschine pürieren. Die Hähnchenschenkel in eine große ofenfeste Form aus Glas oder Porzellan legen. Die Marinade dazugeben und die Hähnchenteile darin wenden. Zudecken und für 6–8 Std. in den Kühlschrank stellen, dabei die Schenkel einmal wenden.

2. Eine Zwei-Zonen-Glut für mittlere Hitze (175–230 °C) vorbereiten (siehe Seite 18–19). Den Grillrost mit der Bürste säubern. Die Maiskolben über DIREKTER MITTLERER HITZE bei geschlossenem Deckel 8–10 Min. grillen, bis die Kolben braune Flecken haben und die Körner weich sind. Maiskolben vom Grill nehmen und etwas abkühlen lassen. Anschließend die Körner von den Kolben schneiden und mit den restlichen Zutaten für die Salsa mischen. Die Salsa zudecken und mindestens 2 Std. kalt stellen.

3. Eine Zwei-Zonen-Glut für starke Hitze (230–290 °C) vorbereiten (siehe Seite 18–19). Die Aluschale neben die Holzkohle stellen und drei Viertel hoch mit Wasser füllen.

4. Die Hähnchenschenkel aus der Marinade nehmen (anhaftende Marinade nicht entfernen). Den Grillrost mit der Bürste säubern. Die Holz-Chips abtropfen lassen und zur Glut geben. Den Grill schließen. Sobald Rauch aufsteigt, die Hähnchenschenkel mit den Knochenseiten nach unten über INDIREKTER STARKER HITZE bei geschlossenem Deckel 30 Min. grillen. Danach die restlichen Holz-Chips abtropfen lassen und auf die Glut legen. Die Hähnchenschenkel bei geschlossenem Deckel noch 30 Min. grillen. Zur Garprobe in die dickste Stelle der Schenkel stechen: Wenn der austretende Fleischsaft klar und das Fleisch am Knochen nicht mehr rosa ist, die Schenkel vom Grill nehmen. 3–5 Min. ruhen lassen. Mit der Salsa servieren.

Die Hähnchenschenkel mit dem geringsten Abstand zur Glut garen schneller als die anderen. Deshalb sollte man die Hähnchenteile während des Grillens ein- bis zweimal auf dem Rost tauschen, damit alle gleichzeitig gar werden.

WACHTELN MIT GRANATAPFEL-GLASUR,
GETROCKNETEN KIRSCHEN UND WALNÜSSEN

GERÄT:

RAUCHINTENSITÄT: mittel

VORBEREITUNGSZEIT: 20 Min.

MARINIERZEIT: 8–24 Std.

GRILLZEIT: etwa 16 Min.

FÜR 4 PERSONEN

FÜR DIE MARINADE
3 EL Granatapfelsirup ohne Zucker
3 EL Aceto balsamico
2 TL fein gehackte Thymianblätter
¾ TL grobes Meersalz
½ TL Chiliflocken
250 ml Olivenöl

8 küchenfertige Wachteln, Wirbel-
 säulen und Flügelspitzen entfernt,
 die Vögel aufgeklappt
grobes Meersalz
frisch gemahlener schwarzer Pfeffer
1 große Handvoll Weinstock-Chips,
 mind. 30 Min. gewässert

FÜR DEN SALAT
1 Romanasalatherz, in dünne Streifen
 geschnitten
60 g getrocknete Sauerkirschen,
 grob gehackt
60 g Walnusskerne, grob gehackt

Viele Marinaden lassen sich auch gut als Salatdressing verwenden. Dafür einen Teil der Marinade abnehmen und beiseitestellen. Verwenden Sie für eine Salat- sauce auf keinen Fall Marinade, die mit rohem Fleisch in Berührung gekommen ist.

1. In einer kleinen Schüssel für die Marinade den Granatapfelsirup mit Essig, Thymian, Salz und Chiliflocken mischen. Langsam das Öl darunterschlagen. 125 ml Marinade für den Salat abmessen und bis zur Verwendung in den Kühlschrank stellen. Die Wachteln in einen großen Gefrierbeutel geben und die restliche Marinade hinzufügen. Die Luft aus dem Beutel drücken und den Beutel dicht verschließen. Den Beutel hin und her drehen, um die Marinade zu verteilen. In eine Schüssel legen und 8–24 Std. kalt stellen, dabei ab und zu umdrehen.

2. Eine Zwei-Zonen-Glut für starke Hitze (230–290 °C) vorbereiten (siehe Seite 18–19).

3. Die Wachteln aus dem Beutel nehmen, die Marinade abtropfen lassen. Die Wachteln mit Salz und Pfeffer würzen. Den Grillrost mit der Bürste säubern. Die Weinstock-Chips abtropfen lassen, auf die Glut geben; den Deckel schließen. Sobald Rauch aufsteigt, die Wachteln mit den Brüsten nach oben über DIREKTER STARKER HITZE bei geschlossenem Deckel etwa 15 Min. grillen. Mit einer Messerspitze in einen Schenkel stechen: Wenn das Fleisch nicht mehr rosa ist, ist es gar. Damit die Haut knusprig wird, die Wachteln mit der Haut nach unten über DIREKTE STARKE HITZE legen und etwa 1 Min. grillen. Dabei einmal wenden. Vom Grill nehmen.

4. Salatstreifen, Kirschen und Walnüsse in einer großen Schüssel mit der beiseitegestellten Marinade mischen; den Salat mit Salz und Pfeffer würzen. Die Wachteln mit dem Salat servieren.

CURRY-HÄHNCHEN

GERÄT:

RAUCHINTENSITÄT: mittel

VORBEREITUNGSZEIT: 15 Min.

GRILLZEIT: 1¾–2¼ Std.

ZUBEHÖR: Geflügelschere;
Fleischthermometer

FÜR 4 PERSONEN

FÜR DIE WÜRZMISCHUNG
1 EL Zucker
1 EL grobes Meersalz
1 EL Currypulver
½ TL Knoblauchgranulat
¼ TL Cayennepfeffer

1 küchenfertiges großes Brathähnchen
(etwa 2,2 kg)

4 große Handvoll Apfelholz-Chips,
mind. 30 Min. gewässert

125 g Butter, zerlassen

Ein ganzes Hähnchen gleichmäßig zu grillen, ist recht schwierig. Spalten Sie es deshalb, und klappen Sie es vor dem Grillen auf, wie in Schritt 2 beschrieben. So ist es überall mehr oder weniger gleich dick.

1. Die Zutaten für die Würzmischung in einer kleinen Schüssel mischen.

2. Das Hähnchen mit der Brust nach unten auf die Arbeitsfläche legen. Mit einer Geflügelschere vom Hals bis zum Bürzel links und rechts vom Rückgrat aufschneiden und die Wirbelsäule entfernen. Das knorpelige untere Ende des Brustbeins einschneiden. Das Hähnchen wenden und fest auf das Brustbein drücken, bis das Hähnchen flach liegen bleibt. Wieder umdrehen, mit den Fingern links und rechts am Brustbein entlangfahren und das Fleisch lösen. Das Brustbein fassen, mit dem Knorpel herausziehen und wegwerfen. Das Hähnchen ist nun ganz flach. Rundum mit der Gewürzmischung einreiben.

3. Den Grill für schwache Hitze (120–175 °C) vorbereiten (siehe Seite 22–23).

4. Den Grillrost mit der Bürste säubern. Sobald die Temperatur bei 160 °C liegt, 2 Handvoll Holz-Chips in die Räucherbox des Gasgrills geben (Herstellerangaben beachten); den Grill schließen. Sobald die Holz-Chips zu rauchen beginnen, das Hähnchen mit der Innenseite nach unten über INDIREKTER SCHWACHER HITZE bei geschlossenem Deckel 1¾–2¼ Std. grillen. Dabei das Hähnchen alle 30 Min. mit zerlassener Butter bestreichen. Nach den ersten 30 Min. die restlichen Holz-Chips abtropfen lassen und zur Glut geben. Am Ende der Grillzeit das Fleischthermometer in einen Hähnchenschenkel stecken, ohne dass es den Knochen berührt. Wenn die Temperatur etwa 75 °C beträgt und der austretende Fleischsaft klar ist, ist das Hähnchen gar. Das Hähnchen vom Grill nehmen und 5–10 Min. ruhen lassen (dabei steigt die Kerntemperatur noch um 2–5 °C).

5. Das Hähnchen portionieren und warm servieren.

BIERDOSEN-HÄHNCHEN IM MESQUITE-RAUCH

GERÄT:

RAUCHINTENSITÄT: mittel

VORBEREITUNGSZEIT: 15 Min.

GRILLZEIT: 1¼–1½ Std.

ZUBEHÖR: große Einweg-Aluschale; Fleischthermometer

FÜR 4 PERSONEN

FÜR DIE WÜRZMISCHUNG
1 TL Knoblauchgranulat
1 TL Chilipulver (Gewürzmischung)
1 TL grobes Meersalz
½ TL frisch gemahlener schwarzer
    Pfeffer

Olivenöl
1 großes küchenfertiges Brathähnchen
    (etwa 2 kg)

1 Dose (0,33 l) Bier mit Raumtemperatur
4 Handvoll Mesquiteholz-Chips,
    mind. 30 Min. gewässert

Diese Garmethode erscheint Ihnen auf den ersten Blick vielleicht suspekt – doch jegliche Skepsis wird garantiert verschwinden, wenn Sie feststellen, wie zart, saftig und aromatisch das Hähnchenfleisch nach dem Garen über dem Bierdampf ist. Hinzukommt noch der aromatische Holzrauch, der dem Fleisch zusätzliche Würze verleiht. Kein Wunder, dass diese Grill-Methode in den USA einen legendären Ruf hat. Am schwierigsten ist es, die heiße Dose aus dem Hähnchen zu entfernen. Dafür das Hähnchen mit einer Grillzange gut festhalten, hochheben und mit einer zweiten Grillzange vorsichtig die Dose herausziehen.

1. Eine Zwei-Zonen-Glut für mittlere Hitze (175–230 °C) vorbereiten (siehe Seite 18–19). Die Einweg-Aluschale neben die Holzkohle stellen und drei Viertel hoch mit Wasser füllen.

2. Für die Würzmischung in einer kleinen Schüssel die Gewürze mischen. Das Hähnchen rundherum dünn mit Öl bestreichen und mit der Würzmischung einreiben. Die Flügelspitzen auf den Rücken drehen.

3. Die Bierdose öffnen. Etwa die Hälfte des Biers in ein Glas gießen und anderweitig verwenden. Mit einem Dosenöffner zwei zusätzliche Löcher in den Dosendeckel stanzen. Die Dose auf eine stabile Unterlage stellen. Das Hähnchen mit der unteren Öffnung über die Dose stülpen.

4. Den Grillrost mit der Bürste säubern. Die Holz-Chips abtropfen lassen und auf die Glut geben. Den Grill schließen. Sobald die Chips zu rauchen beginnen, das Bierdosen-Hähnchen so auf den Grill stellen, dass die Schenkel mit der Dose eine Art Dreifuß bilden. Das Hähnchen über INDIREKTER MITTLERER HITZE bei geschlossenem Deckel 1¼ –1½ Std. grillen, bis beim Einstechen klarer Fleischsaft ausläuft und das Fleischthermometer etwa 70 °C anzeigt (dafür in den dicksten Teil eines Schenkels stecken und nicht den Knochen berühren lassen). Falls nötig, nach 45 Min. Grillzeit 6–10 glühende Holzkohle-Briketts nachlegen, damit die Hitze gleichmäßig bleibt.

5. Das Bierdosen-Hähnchen vorsichtig vom Grill nehmen (kein Bier verschütten, es ist sehr heiß!). Etwa 10 Min. ruhen lassen, dann das Hähnchen vorsichtig von der Dose nehmen und portionieren. Sofort servieren.

GERÄUCHERTE PUTENBRUST MIT HONIG-SENF

GERÄT:

RAUCHINTENSITÄT: stark

VORBEREITUNGSZEIT: 15 Min.

MARINIERZEIT: 5 Std.

KÜHLZEIT: 12–16 Std.

GRILLZEIT: etwa 4 Std.

ZUBEHÖR: Fleischthermometer

FÜR 8 PERSONEN

FÜR DIE PÖKELLAKE

75 g grobes Meersalz
170 g Honig
2 TL getrockneter Rosmarin
2 TL getrockneter Salbei
1½ TL getrockneter Majoran
1 TL schwarze Pfefferkörner
2 Lorbeerblätter

1 Putenbrust mit Haut und Knochen
    (etwa 2,5 kg)

FÜR DEN HONIG-SENF

125 g Dijon-Senf
3 EL Honig
2 EL brauner Zucker

6 Stücke Apfelholz

Falls von der geräucherten Putenbrust etwas übrig bleiben sollte, können Sie diese in dünne Scheiben schneiden und als Aufschnitt oder Salatzutat verwenden.

1. In einer großen säurebeständigen Schüssel 2 l Wasser und die Zutaten für die Pökellake verrühren, bis sich das Salz aufgelöst hat. Die Putenbrust hineinlegen und mit einem Teller beschweren, damit das Fleisch vollständig mit Lake bedeckt bleibt. Für 5 Std. in den Kühlschrank stellen.

2. Die Putenbrust aus der Lake nehmen. Unter fließend kaltem Wasser abspülen und trocken tupfen. Den Rost auf das tiefe Backblech oder eine entsprechende Bratform setzen. Die Putenbrust auf den Rost legen und offen für 12–16 Std. in den Kühlschrank stellen, damit die Haut antrocknet.

3. Den Räuchergrill für indirekte sehr schwache Hitze (95–120 °C) vorbereiten (siehe Seite 20–21).

4. In einer kleinen Schüssel den Senf mit Honig und Zucker verrühren, bis sich der Zucker aufgelöst hat. Zudecken und beiseitestellen.

5. Den Grillrost mit der Bürste säubern. 2 Holzstücke auf die Glut legen und den Grill schließen. Sobald Rauch aufsteigt, die Putenbrust über INDIREKTER SEHR SCHWACHER HITZE bei geschlossenem Deckel etwa 4 Std. grillen. Dabei jeweils nach der ersten und zweiten Std. je 2 Holzstücke auf die Glut legen. Wenn die Haut dunkelbraun ist, das Thermometer in die dickste Stelle der Brust stecken, dabei nicht den Knochen berühren lassen. Zeigt es etwa 75 °C an, ist das Fleisch auch am Knochen gar. Zwischendurch glühende Holzkohle-Briketts nachlegen, um die Hitze zu halten. Den fertigen Putenbraten vom Grill nehmen und 5–10 Min. ruhen lassen.

6. Die Putenbrust entlang des Brustbeins längs in zwei Hälften vom Brustkorb schneiden. Die Hälften vom Brustbein klappen und mit einem scharfen Messer vorsichtig von den Rippen lösen. Jede Hälfte quer zur Faser in Scheiben schneiden. Das Fleisch warm mit dem Honig-Senf servieren.

CHILISCHARFE PUTEN-DRUMSTICKS

GERÄT:

RAUCHINTENSITÄT: stark

VORBEREITUNGSZEIT: 15 Min.

MARINIERZEIT: 2 Std.

GRILLZEIT: etwa 3 Std.

ZUBEHÖR: Fleischthermometer

FÜR 8 PERSONEN

FÜR DIE PÖKELLAKE

1 l helles Bier
100 g grobes Meersalz
110 g brauner Zucker
Eiswürfel

8 Putenunterschenkel (je etwa 350 g)

FÜR DIE WÜRZMISCHUNG

4 EL Cayennepfeffer
2 TL getrocknetes Oregano
1 TL Knoblauchgranulat
1 TL gemahlener Kreuzkümmel

6 Stücke Mesquiteholz

Putenschenkel haben dunkles, saftiges Fleisch, das besonders gut zum Grillen geeignet ist. Falls Sie für dieses Rezept keine Putenunterschenkel bekommen, können Sie stattdessen Oberschenkel nehmen.

1. Für die Pökellake in einer säurefesten Schüssel das Bier mit Salz und Zucker verrühren, bis sich beides aufgelöst hat. 800 ml kaltes Wasser mit Eiswürfeln dazugießen und rühren, bis das Eis fast geschmolzen ist. Die Putenschenkel in die Lake legen und mit einer Platte beschweren, damit sie von Lake bedeckt bleiben. Zugedeckt 2 Std. kalt stellen.

2. Die Zutaten für die Würzmischung in einer kleinen Schüssel mischen.

3. Den Räuchergrill für indirektes sehr schwache Hitze (95–120 °C) vorbereiten (siehe Seite 20–21). Sobald die Temperatur 110 °C erreicht hat, 2 Holzstücke auf die Glut legen.

4. Die Putenschenkel aus der Lake nehmen. Die Putenschenkel kalt abspülen; trocken tupfen und mit der Würzmischung einreiben.

5. Den Grillrost mit der Bürste säubern. Die Putenschenkel über **INDIREKTER SEHR SCHWACHER HITZE** bei geschlossenem Deckel etwa 3 Std. räuchern. Währenddessen glühende Holzkohle nachlegen, um die Hitze zu halten, und nach der ersten und zweiten Stunde jeweils 2 weitere Holzstücke dazugeben. Für die Garprobe das Fleischthermometer in den dicksten Teil des Schenkels stecken (den Knochen dabei nicht berühren lassen); zeigt es etwa 80 °C an und tritt klarer Fleischsaft aus, ist das Fleisch gar.

6. Die Putenschenkel vom Grill nehmen und 5–10 Minuten ruhen lassen; anschließend sofort nach Belieben mit Mais und Tomaten servieren.

Fisch und Meeres-
früchte

MEERESFRÜCHTE VOM GRILL

GERÄT:

RAUCHINTENSITÄT: mittel

VORBEREITUNGSZEIT: 30 Min.

GRILLZEIT: etwa 45 Min.

ZUBEHÖR: große Einweg-Aluschale

FÜR 4 PERSONEN

24 sehr kleine Frühkartoffeln
    (etwa 700 g)
1 EL und 2 TL Olivenöl
4 Maiskolben, ohne Hüllblätter
250 g Butter
etwa 50 kleine junge Quahog-Muscheln
    (Littlenecks), abgespült und
    abgebürstet
200 ml helles Bier
4 Hummerschwänze (je etwa 125 g),
    der Länge nach halbiert
500 g Riesengarnelen mit Schale,
    entdarmt
1 große Handvoll Erlen- oder Ahornholz-
    Chips, mind. 30 Min. gewässert
grobes Meersalz
frisch gemahlener schwarzer Pfeffer
2 Bio-Zitronen, geviertelt

Zum Vorbereiten der Hummer-schwänze die Panzer auf den Unterseiten mit der Küchenschere aufschneiden. Die Schwänze umdrehen und die härteren Rückenpanzer jeweils bis zur Schwanzflosse durchschneiden. Die Schwänze längs halbieren, dabei durch die bereits entstandenen Öffnungen schneiden.

1. Eine Zwei-Zonen-Glut für starke Hitze (230–290 °C) vorbereiten (siehe Seite 18–19). Den Backofen auf 100 °C vorheizen.

2. Die Kartoffeln in einer Schüssel mit 1 EL Olivenöl mischen. Danach in extra-starke Alufolie verpacken, die Ränder der Folie dabei fest zusammenfalten. Die Maiskolben einzeln in Alufolie wickeln.

3. Die Kartoffeln im Päckchen über DIREKTE STARKE HITZE legen und bei geschlos-senem Deckel 20 Min. garen. Das Paket vorsichtig wenden, die Folie dabei nicht verletzen. Die eingewickelten Maiskolben dazulegen und alles bei geschlossenem Deckel über DIREKTER STARKER HITZE 15 Min. garen, bis Kartoffeln und Maiskörner weich sind, die Kolben dabei drei- bis viermal wenden. Das Päckchen mit den Kar-toffeln und die eingewickelten Maiskolben auf ein Backblech legen und im etwa 100 °C heißen Backofen warm halten.

4. Die Glut zum Bullauge aufhäufen (siehe Foto unten links) und so viele Holzkoh-lenbriketts hinzufügen, dass wieder starke Hitze erreicht wird. Die Holzkohle etwa 15 Min. glühen lassen, bis sie von einer feinen Ascheschicht überzogen ist.

5. In der Zwischenzeit die Butter in einem kleinen Topf mit schwerem Boden bei mittlerer Hitze heiß werden lassen, bis sie flüssig ist und brodelt. Die flüssige Butter in einen hitzebeständigen Messbecher gießen; nach 5 Min. den Schaum von der Oberfläche abschöpfen. Die klare Butter auf vier Auflaufförmchen ver-teilen, den weißen Bodensatz dabei im Messbecher zurücklassen. Die Förmchen zum Warmhalten in den Backofen stellen.

6. Die Muscheln in die Aluschale geben und das Bier dazugießen. Die Schale fest mit Alufolie verschließen. Das Hummerfleisch und die Garnelen mit den rest-lichen 2 TL Öl bestreichen.

7. Die Holz-Chips abtropfen lassen und auf die Glut legen. Die Schale mit den Muscheln über DIREKTE STARKE HITZE stellen. Hummerschwänze (mit den Fleischseiten nach unten) und Garnelen über INDIREKTE STARKE HITZE legen. Den Grill schließen und die Meeresfrüchte grillen, bis die Muscheln sich geöff-net haben (geschlossene Exemplare wegwerfen), das Hummerfleisch weiß und fest, aber noch saftig ist und die Garnelen nicht mehr glasig sind. Die Schale während der Grillzeit nach 5 Min. schwenken, um die Muscheln darin umzuver-teilen; Hummerschwänze und Garnelen ein- bis zweimal wenden. Muscheln und Hummer sind nach etwa 10 Min. gar, die Garnelen nach nur 3–5 Min. Ge-garte Meeresfrüchte vom Grill nehmen.

8. Kartoffeln, Maiskolben und Muscheln jeweils in eine Schüssel geben. Hummer und Garnelen auf einer Platte anrichten. Kartoffeln und Mais salzen und pfeffern. Alles sofort mit der zerlassenen Butter und den Zitronenvierteln servieren.

GARNELEN-TACOS
MIT CHILICREME

GERÄT:

RAUCHINTENSITÄT: mittel

VORBEREITUNGSZEIT: 20 Min.

GRILLZEIT: 5–7 Min.

ZUBEHÖR: gelochte Grillpfanne

FÜR 4 PERSONEN

FÜR DIE CHILICREME

1 Chipotle-Schote in Adobo-Sauce
    (getrocknete, geräucherte Jalapeño-
    Chili aus der Dose), entstielt,
    entkernt und gehackt
1½ TL Adobo-Sauce (aus der Dose)
½ TL zerdrückter Knoblauch
50 g saure Sahne

1 kleiner Romanasalat, Strunk entfernt,
    Blätter in Streifen geschnitten
2 vollreife Tomaten, entkernt und
    gewürfelt
½ kleine Salatgurke, gewürfelt
30 g Korianderblätter

1 EL Olivenöl
½ TL grobes Meersalz
¼ TL frisch gemahlener schwarzer
    Pfeffer
500 g Garnelen, geschält und entdarmt

1 große Handvoll Mesquiteholz-Chips,
    mind. 30 Min. gewässert
12 Mais- oder Weizentortillas
    (je etwa 15 cm Ø)
2 Limetten, in Spalten geschnitten

1. Eine Zwei-Zonen-Glut für mittlere Hitze (175–230 °C) vorbereiten (siehe Seite 18–19). Die Grillpfanne auf dem Rost vorheizen.

2. Die Chipotle in einer kleinen Schüssel mit der Adobo-Sauce und dem Knoblauch zerdrücken. Die saure Sahne unterrühren. Die Creme abschmecken; falls nötig, mit Chipotle oder Sauce nachwürzen.

3. Die Salatstreifen in einer großen Schüssel mit Tomaten, Gurke und Koriander- blättern mischen.

4. Das Olivenöl in einer Schüssel mit Salz und Pfeffer verquirlen. Die Garnelen darin wenden.

5. Die Holz-Chips abtropfen lassen und auf die Glut geben. Die Garnelen neben- einander in die Grillpfanne legen und bei geschlossenem Deckel über DIREKTER MITTLERER HITZE 4–6 Min. grillen, bis sie fest und nicht mehr glasig sind, dabei einmal wenden. Auf eine Servierplatte legen.

6. Die Tortillas über DIREKTER MITTLERER HITZE auf jeder Seite etwa 15 Sek. erwär- men. Vom Grill nehmen und mit der Salatmischung, den Garnelen sowie etwas Chilicreme füllen; sofort mit den Limettenvierteln servieren.

Bei Tortillas gibt es große Qualitätsunterschiede. Wenn Sie eine Sorte gefunden haben, die Ihnen schmeckt, dann bleiben Sie dabei. Oft weichen Tortillas rasch durch, nachdem Garnelen und Creme hineingefüllt wurden. Das lässt sich verhin- dern, indem Sie zwei Tortillas aufeinanderlegen und darauf die Füllung geben.

VIETNAMESISCHE GARNELENRÖLLCHEN
MIT SÜSSSAURER SAUCE

GERÄT:

RAUCHINTENSITÄT: mittel

VORBEREITUNGSZEIT: 1 Std.

GRILLZEIT: 6–8 Min.

ZUBEHÖR: gelochte Grillpfanne

FÜR 4–6 PERSONEN; FÜR 8–12 PERSONEN ALS VORSPEISE

Traubenkernöl
1 EL Fischsauce
2 TL Zucker
1 Frühlingszwiebel, fein gewürfelt
1½ TL Backpulver
½ TL frisch gemahlener schwarzer
    Pfeffer
1 kg Garnelen, geschält und entdarmt
200 g gegarter Rundkornreis

FÜR DIE SAUCE
60 ml Fischsauce
60 ml Limettensaft
60 g Zucker
2 TL gehackte entkernte Thai-
    Chilischote
½ TL zerdrückter Knoblauch

2 große Handvoll Apfelholz-Chips,
    mind. 30 Min. gewässert
2 Kopfsalate, die Blätter abgelöst
Minzeblätter
2 große Möhren, geschält und geraspelt
1 Salatgurke, längs halbiert, entkernt
    und die Hälften quer in Scheiben
    geschnitten

Auch wenn es in der Küchenmaschine schneller geht: Hacken Sie die Garnelen besser mit einem Messer klein.

1. In einer großen Schüssel 1 EL Öl mit Fischsauce und Zucker verquirlen, bis sich der Zucker aufgelöst hat. Frühlingszwiebel, Backpulver und Pfeffer unterrühren.

2. Die Garnelen fein hacken. Garnelen und Reis zur Frühlingszwiebelmischung geben und alles zu einer glatten Masse verkneten. Aus der Masse mithilfe von zwei Esslöffeln etwa 5 cm lange Röllchen formen. Diese auf ein gefettetes Backblech legen und mit Öl bestreichen.

3. Die Zutaten für die Sauce in einer kleinen Schüssel verrühren, bis sich der Zucker aufgelöst hat.

4. Eine Zwei-Zonen-Glut für schwache Hitze (120–175 °C) vorbereiten (siehe Seite 18–19) und die Grillpfanne über DIREKTER SCHWACHER HITZE heiß werden lassen.

5. Die Holz-Chips abtropfen lassen und auf die Glut legen. Den Grill schließen. Sobald die Chips rauchen, den unteren Lüftungsschlitz schließen, den oberen jedoch halb geöffnet lassen. Die Röllchen nebeneinander in die Grillpfanne legen und bei geschlossenem Deckel über DIREKTER SCHWACHER HITZE 6–8 Min. grillen. Sie sollen danach aufgegangen, leicht gebräunt und nicht mehr glasig sein; während des Grillens einmal wenden; vom Grill nehmen.

6. Zum Servieren die Röllchen jeweils auf ein Salatblatt legen und mit Minze, Möhre und Gurke garnieren. Die Sauce darüberträufeln oder dazu reichen.

FORELLEN IM SCHINKENMANTEL

MIT SPINAT-PINIENKERN-FÜLLUNG

GERÄT:

RAUCHINTENSITÄT: schwach

VORBEREITUNGSZEIT: 40 Min.

GRILLZEIT: 12–16 Min.

FÜR 4 PERSONEN

FÜR DIE FÜLLUNG
1 EL Olivenöl
2 EL feine Schalottenwürfel
300 g junger Blattspinat
50 g frische Brotkrumen
40 g Rosinen, gehackt
2 EL Pinienkerne, geröstet
2 EL frisch geriebener Parmesan
1 TL gehackter Rosmarin
2 EL trockener Weißwein oder Wermut
grobes Meersalz
frisch gemahlener schwarzer Pfeffer

4 küchenfertige Forellen (je 350–400 g),
    aufgeklappt und die Mittelgräten
    entfernt
16 dünne Scheiben luftgetrockneter
    Schinken (etwa 250 g)

1 Handvoll Ahorn- oder Eichenholz-
    Chips, mind. 30 Min. gewässert
1 Bio-Zitrone, geviertelt

Rösten Sie die Pinienkerne in einer Pfanne ohne Fett bei mittlerer Hitze etwa 2 Min., bis sie hellbraun sind. Anschließend sofort auf einen Teller schütten und abkühlen lassen.

1. Eine Zwei-Zonen-Glut für mittlere Hitze (175–230°C) vorbereiten (siehe Seite 18–19).

2. Für die Füllung das Öl in einer großen Pfanne auf dem Herd bei mittlerer Hitze heiß werden lassen. Die Schalottenwürfel darin unter gelegentlichem Rühren in etwa 3 Min. glasig dünsten. Den Spinat hinzufügen und zugedeckt zusammenfallen lassen. Vom Herd nehmen und abkühlen lassen.

3. Den Spinat grob hacken und mit den Schalottenwürfeln in eine Schüssel geben. Brotkrumen, Rosinen, Pinienkerne, Käse und Rosmarin untermischen. Den Wein unterrühren und die Füllung mit Salz und Pfeffer abschmecken. Die Forellen mit der Spinatmischung füllen und zusammenklappen.

4. Vier Schinkenscheiben überlappend nebeneinanderlegen. Eine Forelle auf eine Schmalseite legen und in den Schinken einrollen. Mit den restlichen Forellen ebenso verfahren.

5. Den Grillrost mit der Bürste säubern. Die Holz-Chips abtropfen lassen und auf die Glut legen. Den Grill schließen. Sobald die Chips zu rauchen beginnen, die Forellen jeweils mit der Naht des Schinkenmantels nach unten über DIREKTE MITTLERE HITZE legen und bei geschlossenem Deckel 6–8 Min. grillen, bis die Seite des Schinkens, die auf dem Rost liegt, hellbraun und knusprig ist. Die Forellen wenden und bei geschlossenem Deckel weitere 6–8 Min. grillen, bis der Schinken knusprig ist und die Forellen gar sind. Vom Grill nehmen und sofort mit den Zitronenvierteln servieren.

RÄUCHERHERING MIT ZWIEBELN

GERÄT:

RAUCHINTENSITÄT: mittel

VORBEREITUNGSZEIT: 20 Min.

GRILLZEIT: 5–12 Min.

FÜR 4 PERSONEN

8 küchenfertige Atlantik-Heringe
(je etwa 150 g)
2 große Zwiebeln, quer in etwa 1 cm
dicke Scheiben geschnitten
Öl
2 große Handvoll Apfelholz-Chips,
mind. 30 Min. gewässert
4 Scheiben Pumpernickel
gehackte glatte Petersilie
körniger Senf
saure Sahne

Die Fische werden aufgeschnitten, aber nicht filetiert, sodass zwei Filets an der Schwanzflosse zusammenhängen. Einzelne Filets würden zu schnell garen.

1. Eine Zwei-Zonen-Glut für mittlere Hitze (175–230°C) vorbereiten (siehe Seite 18–19).

2. Die Heringe aufklappen, Köpfe und Mittelgräten entfernen, die Schwanzflossen belassen. Heringe und Zwiebelscheiben jeweils auf beiden Seiten dünn mit Öl bestreichen.

3. Den Grillrost mit der Bürste säubern. Die Holz-Chips abtropfen lassen und auf die Glut legen; den Grill schließen. Sobald die Chips zu rauchen beginnen, die Heringe mit den Hautseiten nach unten auf den Rost legen und bei geschlossenem Deckel über INDIREKTER MITTLERER HITZE je nach Dicke der Filets 5–10 Min. grillen, bis sie durchgegart sind, dabei nicht wenden. Gleichzeitig die Zwiebelscheiben über DIREKTER MITTLERER HITZE 8–12 Min. grillen, bis sie weich und schön gebräunt sind, dabei ein- bis zweimal wenden. Heringe und Zwiebelscheiben vom Grill nehmen.

4. Heringe und Zwiebelscheiben auf den Pumpernickelscheiben anrichten, mit Petersilie bestreuen und sofort servieren. Senf und saure Sahne zum Bestreichen der Brote dazu reichen.

WOLFSBARSCH AUS DEM ROSMARINRAUCH
MIT GRIECHISCHEM SALAT

GERÄT:

RAUCHINTENSITÄT: mittel

VORBEREITUNGSZEIT: 30 Min.

MARINIERZEIT: ½–2 Std.

GRILLZEIT: etwa 15 Min.

ZUBEHÖR: festes Küchengarn

FÜR 4 PERSONEN

Ob Fisch frisch ist, lässt sich am besten feststellen, wenn man daran schnuppert. Er sollte nach Meer und darf keinesfalls nach Fisch riechen. Falls die Wolfsbarsche keinen guten Eindruck machen, können Sie auf andere Meeresfische von etwa gleichem Gewicht ausweichen, beispielsweise Schnapper oder Rotbarbe.

2 Wolfsbarsche (je etwa 600 g), gesäubert, ausgenommen und geschuppt, Kiemen und alle Flossen entfernt
3 Bio-Zitronen
2 EL Olivenöl
grobes Meersalz
frisch gemahlener schwarzer Pfeffer
10 Rosmarinzweige (je etwa 15 cm lang)

FÜR DEN SALAT
4 EL Olivenöl
2 vollreife Eiertomaten, entkernt und gewürfelt
1 kleine Salatgurke, gewürfelt
1 kleine grüne Paprikaschote, in Stücke geschnitten
2 EL fein gewürfelte rote Zwiebel
20 Kalamata-Oliven, entsteint und grob gehackt

1. Die Fische auf jeder Seite in etwa 3 cm Abstand drei- bis viermal etwa 1 cm tief einschneiden. 1 Zitrone halbieren. 2 EL Saft für den Salat in eine Schüssel pressen. Die beiden restlichen Zitronen in dünne Scheiben schneiden. Die Scheiben von 1 Zitrone zum Anrichten beiseitestellen.

2. Die Fische dünn mit Öl bestreichen, dann innen und außen salzen und pfeffern. In jeden Fisch die Zitronenscheiben von ½ Zitrone und einen halbierten Rosmarinzweig geben. Die Fische jeweils an zwei bis drei Stellen mit Küchengarn binden, damit sie sich beim Grillen nicht öffnen. Die Fische kalt stellen, bis der Grill heiß ist. Die restlichen Rosmarinzweige mindestens 30 Min. wässern.

3. Den Zitronensaft in der Schüssel mit 4 EL Olivenöl verquirlen. Die restlichen Salatzutaten hinzufügen und alles gut mischen. Den Salat mit Salz und Pfeffer abschmecken und bei Raumtemperatur mindestens 30 Min., höchstens 2 Std. marinieren.

4. Eine Zwei-Zonen-Glut für mittlere Hitze (175–230°C) vorbereiten (siehe Seite 18–19).

5. Den Grillrost mit der Bürste säubern. Die Rosmarinzweige abtropfen lassen und auf die Glut geben; den Grill schließen. Sobald die Zweige zu rauchen beginnen, die Fische bei geschlossenem Deckel über **DIREKTER MITTLERER HITZE** etwa 15 Min. grillen, bis das Fleisch an der Mittelgräte nicht mehr glasig ist, dabei mit einer Fischpalette aus Metall einmal wenden (dabei darf ruhig etwas Haut am Rost hängenbleiben). Vom Grill nehmen.

6. Die Fische mit den restlichen Zitronenscheiben auf dem Salat anrichten.

HEISS GERÄUCHERTER LACHS

MIT WACHOLDERDUFT

GERÄT:

RAUCHINTENSITÄT: stark

VORBEREITUNGSZEIT: 15 Min.

KÜHLZEIT: 4½ Std.

RUHEZEIT FÜR DEN FISCH:
30 Min., bei späterem Räuchern
bis zu 12 Std.

GRILLZEIT: etwa 2½ Std.

ZUBEHÖR: Mörser; elektrischer
Ventilator

FÜR 8 PERSONEN

*Fischfilets sehen oft völlig gräten-
frei aus, doch wenn man mit der
Fingerspitze darüberfährt, spürt man
möglicherweise die Spitzen kleiner
Stehgräten. Diese Gräten sollten vor
dem Garen entfernt werden. Dafür
die Gräten mit einer Pinzette an der
Spitze greifen und schräg aus dem
Fleisch ziehen.*

125 ml Gin
1 Lachsfilet mit Haut (etwa 1,5 kg)
4 EL Wacholderbeeren
2 TL Pfefferkörner
225 g brauner Zucker (vorzugsweise
    heller Muscovado)
100 g grobes Meersalz
1 EL Öl

3 Stücke Ahornholz

1. Den Gin in eine Auflaufform (etwa 25 x 40 cm) gießen. Das Lachsfilet mit der Haut nach unten hineinlegen und mit dem Gin beschöpfen. Die Form zudecken und für 30 Min. in den Kühlschrank stellen.

2. Im Mörser 2 EL Wacholderbeeren mit den Pfefferkörnern grob zerstoßen (oder auf ein Schneidebrett geben und mit dem Boden eines schweren Topfes zer-drücken). Wacholder und Pfeffer in einer Schüssel mit Zucker und Salz mischen. Den Lachs aus der Form nehmen und mit Küchenpapier trocken tupfen. Die Form auswaschen und abtrocknen. Etwa ein Drittel der Zuckermischung in die Form geben. Das Filet mit der Haut nach unten darauflegen. Die restliche Zucker-mischung auf der Fleischseite verteilen und andrücken. Die Form zudecken und 4 Std. kalt stellen.

3. Den Räuchergrill für indirekte sehr schwache Hitze (100–120 °C) vorbereiten (siehe Seite 20–21).

4. Die restlichen 2 EL Wacholderbeeren in einer kleinen Schüssel einweichen, während der Lachs geräuchert wird.

5. Den Lachs aus der Form nehmen. Die Zuckermischung mit kaltem Wasser abspülen und den Lachs mit Küchenpapier trocken tupfen. Die Lachshaut mit Öl bestreichen. Ein großes Gitter auf ein tiefes Backblech setzen und den Lachs darauflegen. Einen Ventilator so platzieren, dass er auf den Lachs bläst. Den Lachs bei laufendem Ventilator bei Raumtemperatur etwa 30 Min. ruhen lassen, bis er leicht glänzt und sich etwas klebrig anfühlt. (Oder den Lachs auf der Gitter-Blech-Kombination offen 8–10 Std. kalt stellen.)

6. Ein Holzstück auf die Glut geben. Den Grillrost mit der Bürste säubern. Das Lachsfilet bei geschlossenem Deckel über INDIREKTER SEHR SCHWACHER HITZE etwa 2½ Std. räuchern, bis es fest und gold-, fast dunkelbraun ist. Um die Hitze zu halten, nach Bedarf glühende Holzkohle nachlegen. Nach jeweils 45 Min. ein Holzstück auf die Glut legen. 15 Min. vor Ende der Räucherzeit die Wacholder-beeren abtropfen lassen und auf die Glut geben. Den fertigen Lachs vom Grill nehmen und etwa 5 Min. ruhen lassen; warm servieren.

Der geräucherte Lachs hält sich, in Frischhaltefolie verpackt, im Tiefkühlgerät bis zu 4 Monate.

LACHSFILET
MIT RÄUCHERTOMATEN UND -FENCHEL

GERÄT:

RAUCHINTENSITÄT: schwach

VORBEREITUNGSZEIT: 20 Min.

GRILLZEIT: 22–28 Min.

ZUBEHÖR: Gewürzmühle oder Mörser; 8 Metall- oder Holzspieße (Holzspieße mind. 30 Min. gewässert)

FÜR 4 PERSONEN

500 g Fenchel, Stängel und Wurzelenden entfernt
350 g Cocktailtomaten
Olivenöl
grobes Meersalz
frisch gemahlener schwarzer Pfeffer

2 Handvoll Hickoryholz-Chips, mind. 30 Min. gewässert

FÜR DIE WÜRZMISCHUNG
2 TL Fenchelsamen
1 TL Kräuter der Provence
¼ TL Cayennepfeffer

4 Stücke Lachsfilet mit Haut (je etwa 200 g schwer und 2–3 cm dick)

Fenchelknollen lassen sich gut in die einzelnen Schichten zerteilen und sind daher ideal zum Aufspießen und Räuchern über direkter Hitze.

1. Den Gasgrill für direkte mittlere Hitze (175–230 °C) vorbereiten (siehe Seite 22–23).

2. Die Fenchelknollen längs halbieren und den harten Strunk entfernen. Die Fenchelhälften in etwa drei Schichten dicke Stücke schneiden, die in etwa so groß sind wie die Tomaten. Fenchelstücke und Tomaten separat auf Spieße stecken, mit Öl bestreichen, salzen und pfeffern.

3. Den Grillrost mit der Bürste säubern. Eine Handvoll Holz-Chips abtropfen lassen und in die Räucherbox des Grills geben (Herstellerangaben beachten); den Grill schließen. Sobald sich Rauch bildet, den Fenchel bei geschlossenem Deckel über DIREKTER MITTLERER HITZE 6–8 Min. grillen. Die Tomaten hinzufügen und mit dem Fenchel bei geschlossenem Deckel über DIREKTER MITTLERER HITZE 8–9 Min. grillen, bis das Gemüse weich und der Fenchel leicht gebräunt ist, dabei ein- bis zweimal wenden. Die Spieße vom Grill nehmen und die Grilltemperatur auf starke Hitze (230–290°C) erhöhen.

4. Für die Würzmischung die Fenchelsamen mahlen oder zerstoßen. In eine kleine Schüssel geben und mit den Kräutern, dem Cayennepfeffer, 1 TL Salz und ½ TL Pfeffer mischen. Den Lachs dünn mit Öl bestreichen, dann gleichmäßig mit der Mischung würzen.

5. Den Grillrost mit der Bürste säubern. Die restlichen Chips abtropfen lassen und in die Räucherbox geben; den Grill schließen. Sobald sich Rauch bildet, die Filets bei geschlossenem Deckel über DIREKTER STARKER HITZE erst mit den Fleischseiten nach unten 6–8 Min. grillen, dann mit der Grillzange wenden (sie dürfen nicht mehr am Rost haften) und weitere 2–3 Min. grillen (dann sind sie innen noch roh). Vom Grill nehmen und warm mit Fenchel und Tomaten servieren.

LACHS MIT DIJON-SENF
AUF ORANGEN-CARPACCIO

GERÄT:

RAUCHINTENSITÄT: schwach

VORBEREITUNGSZEIT: 15 Min.

GRILLZEIT: 8–12 Min.

ZUBEHÖR: große Einweg-Aluschale

FÜR 4–6 PERSONEN

Wählen Sie vorzugsweise Bio-Lachs aus Aquakultur.

FÜR DIE GLASUR
1 EL grober Dijon-Senf
1 EL Mayonnaise
2 TL gelbe Senfkörner
2 TL brauner Zucker
1 Prise Cayennepfeffer

700 g Lachsfilet ohne Haut
    (etwa 2–2,5 cm dick)
grobes Meersalz
frisch gemahlener schwarzer Pfeffer
Olivenöl

3 große saftige Orangen
2 Handvoll Apfelholz-Chips,
    mind. 30 Min. gewässert
1 EL grob gehackte Basilikumblätter
¼ TL Chiliflocken

1. Alle Zutaten für die Glasur in einer kleinen Schüssel mischen.

2. Den Boden der Aluschale dünn fetten. Das Lachsfilet quer in 8–12 gleich große Stücke schneiden und mit der Haut nach unten in die Schale legen. Die Lachsstücke gleichmäßig mit Salz und Pfeffer würzen und mit der Glasur bestreichen. Die Schale zudecken und in den Kühlschrank stellen.

3. Den Grill für indirekte mittlere Hitze (175–230 °C) vorbereiten (siehe Seite 22–23).

4. Von den Orangen oben und unten je eine dünne Scheibe abschneiden, dann die Früchte dick schälen, dabei auch die weiße Haut entfernen. Die Orangen quer in sehr dünne Scheiben schneiden. Die Scheiben auf einer Servierplatte anrichten und mit 1 TL Olivenöl beträufeln.

5. Den Grillrost mit der Bürste säubern. Die Holz-Chips abtropfen lassen und in die Räucherbox des Gasgrills legen (Herstellerangaben beachten). Den Grill schließen. Sobald Rauch aus dem Grill strömt, die Schale mit dem Fisch über INDIREKTE MITTLERE HITZE stellen und den Lachs bei geschlossenem Deckel 8–12 Min. grillen, bis er den gewünschten Gargrad erreicht hat. Dabei die Fischstücke nicht wenden. Die Schale vom Grill nehmen und die Lachsstücke auf den Orangen anrichten. Mit Basilikum und Chiliflocken bestreuen; sofort servieren.

CATFISH-FILETS
MIT PEKANNUSS-BUTTER

GERÄT:

RAUCHINTENSITÄT: mittel

VORBEREITUNGSZEIT: 20 Min.

GRILLZEIT: etwa 12 Min.

FÜR 6 PERSONEN

FÜR DIE WÜRZPASTE
2 Knoblauchzehen
½ TL grobes Meersalz
2 EL Olivenöl
1 EL Paprikapulver
2 TL fein gehackter Thymian
1 TL Selleriesamen
½ TL frisch gemahlener weißer Pfeffer
⅛ TL Cayennepfeffer

6 Catfish-Filets (ersatzweise Pangasius-
    filets; je etwa 200 g schwer und
    1–1,5 cm dick)

FÜR DIE PEKANNUSS-BUTTER
75 g Butter
50 g Pekannusskerne, grob gehackt
1 EL Zitronensaft
1 EL gehackte glatte Petersilie
¼ TL grobes Meersalz
⅛ TL frisch gemahlener schwarzer
    Pfeffer

1 große Handvoll Pekannussholz-Chips,
    mind. 30 Min. gewässert

Sind die Fischfilets schwerer als 200 g, die Grillzeit um einige Minuten verlängern. Die Filets sind gar, wenn sie innen nicht mehr glasig sind. Um das zu prüfen, mit einer Messerspitze in das Fischfleisch stechen und nachschauen.

1. Den Knoblauch fein hacken, dann mit dem Salz bestreuen und mit der Breitseite einer Messerklinge zu einer Paste verreiben. Dabei das Messer hin und her schieben, bis der Knoblauch dünn und durchsichtig geworden ist. Den Knoblauch in einer kleinen Schüssel gründlich mit den restlichen Zutaten für die Würzpaste mischen. Die Filets auf beiden Seiten mit der Paste bestreichen und etwa 20 Min. bei Raumtemperatur durchziehen lassen.

2. In der Zwischenzeit eine Zwei-Zonen-Glut für mittlere Hitze (175–230 °C) vorbereiten (siehe Seite 18–19).

3. Die Butter in einer Pfanne auf dem Herd bei mittlerer Hitze zerlassen und in etwa 3 Min. etwas braun werden lassen. Vom Herd nehmen und die restlichen Zutaten für die Pekannussbutter untermischen.

4. Den Grillrost mit der Bürste säubern. Die Holz-Chips abtropfen lassen und auf die Glut geben; den Grill schließen. Sobald die Chips zu rauchen beginnen, die Filets bei geschlossenem Deckel über DIREKTER MITTLERER HITZE etwa 12 Min. grillen, bis sie sich mit einer Messerspitze zerpflücken lassen; dabei mit einer Fischpalette einmal vorsichtig wenden. Vom Grill nehmen, auf Tellern anrichten, mit der Pekannussbutter beträufeln und sofort servieren.

LAUWARMER MAKRELENSALAT MIT ORANGENFILETS

GERÄT:

RAUCHINTENSITÄT: mittel

VORBEREITUNGSZEIT: 45 Min.

GRILLZEIT: 10–12 Min.

FÜR 4 PERSONEN

Idealerweise sollten die Makrelenfilets bei etwa 180°C gegrillt werden, so kann der Rauch langsam in das Fleisch eindringen.

3 große Orangen (Navel)

6 Atlantikmakrelenfilets (je etwa 150 g)
grobes Meersalz
frisch gemahlener schwarzer Pfeffer
2 große Handvoll Hickoryholz-
    Chips, mind. 30 Min. gewässert

1 EL Apfelessig
1 TL Dijon-Senf
1 TL Honig
3 EL Olivenöl
150 g gemischte Blattsalate,
    in Stücke gezupft
12 eingelegte Silberzwiebeln

1. Eine Zwei-Zonen-Glut für mittlere Hitze (175–230 °C) vorbereiten (siehe Seite 18–19).

2. Die Orangen filetieren. Dafür von den Früchten jeweils oben und unten eine dünne Scheibe abschneiden und die Früchte so dick schälen, dass auch die weiße Haut entfernt wird. Über einer Schüssel die Filets zwischen den Trennwänden mit einem kleinen Messer herausschneiden; die Filets in die Schüssel geben.

3. Die Makrelenfilets mit Salz und Pfeffer würzen. Den Grillrost mit der Bürste säubern. Die Holz-Chips abtropfen lassen und auf die Glut legen; den Grill schließen. Sobald die Chips zu rauchen beginnen, die Filets mit den Hautseiten nach unten bei geschlossenem Deckel über INDIREKTER MITTLERER HITZE 10–12 Min. grillen, bis das Fleisch sich mit einer Gabel zerpflücken lässt, dabei nicht wenden. Die Filets auf ein Schneidebrett legen und kurz abkühlen lassen, dann häuten und in mundgerechte Stücke schneiden.

4. Den Essig in einer großen Schüssel mit Senf, Honig, Salz und Pfeffer verquirlen. Nach und nach das Öl darunterschlagen, bis ein cremiges Dressing entstanden ist. Die Salatblätter in die Schüssel geben und im Dressing wenden. Den Salat auf vier Teller verteilen. Orangenfilets, Fischstücke und Silberzwiebeln darauf anrichten und sofort servieren.

THUNFISCH-ANANAS-SPIESSE

GERÄT:

RAUCHINTENSITÄT: mittel

VORBEREITUNGSZEIT: 30 Min.

MARINIERZEIT: 1 Std.

GRILLZEIT: 6–8 Min.

ZUBEHÖR: 4–6 Metall- oder Holzspieße (Holzspieße mind. 30 Min.
gewässert)

FÜR 4–6 PERSONEN

FÜR DIE MARINADE

125 ml Ananassaft
125 ml Sojasauce
50 g brauner Zucker
1 Frühlingszwiebel (nur der grüne Teil),
    in feine Ringe geschnitten
1 EL frisch geriebener Ingwer
2 TL zerdrückter Knoblauch

1 kg Thunfischfilet, in etwa 4 cm große
    Würfel geschnitten

2 rote Paprikaschoten, in etwa 4 cm
    große Stücke geschnitten
6 große Frühlingszwiebeln (nur die
    weißen und hellgrünen Teile), in
    etwa 4 cm lange Stücke geschnitten
250 g Ananasfruchtfleisch, in etwa
    4 cm große Stücke geschnitten
Olivenöl

2 Handvoll Apfelholz-Chips,
    mind. 30 Min. gewässert

Bei Spießen ist es wichtig, dass alle Stücke die gleiche Größe haben – nur dann garen sie gleichmäßig.

1. Die Zutaten für die Marinade in einer großen Schüssel mit einem Schneebesen verrühren, bis sich der Zucker aufgelöst hat. Den Thunfisch darin wenden. Zudecken und 1 Std. kalt stellen; gelegentlich wenden.

2. Eine Zwei-Zonen-Glut für mittlere Hitze (175–230 °C) vorbereiten (siehe Seite 18–19).

3. Paprika-, Frühlingszwiebel- und Ananasstücke abwechselnd mit etwas Abstand zueinander auf 2–3 Spieße stecken. Die Thunfischwürfel auf die übrigen 2–3 Spieße stecken. Gemüse und Fisch dünn mit Öl bestreichen.

4. Den Grillrost mit der Bürste säubern. Die Holz-Chips abtropfen lassen und auf die Glut legen; den Grill schließen. Sobald die Holz-Chips zu rauchen beginnen, die Spieße über DIREKTE MITTLERE HITZE legen. Gemüse und Fisch bei geschlossenem Deckel 6–8 Min. grillen, bis das Gemüse gar, aber noch bissfest ist, die Ananasstücke gebräunt sind und der Thunfisch gerade rosa in der Mitte ist; dabei ein- bis zweimal wenden. Die Spieße vom Grill nehmen und sofort servieren.

THUNFISCHSTEAKS
MIT FENCHEL-NUSS-RELISH

GERÄT:

RAUCHINTENSITÄT: mittel

VORBEREITUNGSZEIT: 30 Min.

GRILLZEIT: etwa 16 Min.

FÜR 4 PERSONEN

500 g Fenchel
1 große rote Paprikaschote
4 vollreife Eiertomaten, längs halbiert
Olivenöl

2 große Handvoll Eichenholz-Chips,
    mind. 30 Min. gewässert

2 EL Sherry-Essig
½ TL geräuchertes Paprikapulver
1 TL grobes Meersalz
¾ TL frisch gemahlener schwarzer
    Pfeffer
50 g Haselnusskerne, geröstet,
    gehäutet und grob gehackt
2 EL gehackte glatte Petersilie

4 Thunfischsteaks (je etwa 175 g
    schwer und 2–3 cm dick)

Um Haselnusskerne zu rösten und zu häuten, diese auf einem Backblech ausbreiten und im 180 °C heißen Backofen etwa 10 Min. rösten, bis die Häute aufplatzen und die Nüsse gebräunt sind, dabei gelegentlich wenden. Die Nüsse auf ein Geschirrtuch geben und 5 Min. abkühlen lassen, dann in das Tuch wickeln und darin gegeneinanderreiben, um möglichst viel von der papierartigen Haut zu entfernen.

1. Eine Zwei-Zonen-Glut für starke Hitze (230–290 °C) vorbereiten (siehe Seite 18–19).

2. Von den Fenchelknollen die dicken Stängel und die Wurzelenden abschneiden. Die Knollen längs halbieren, vom harten Strunk befreien und längs in 1–1,5 cm dicke Scheiben schneiden. Von der Paprikaschote Deckel und Boden abschneiden. Die Schote auf einer Seite von oben bis unten aufschneiden und so aufklappen, dass ein langer Streifen entsteht; Trennwände und Samen entfernen. Fenchelscheiben und Tomatenhälften mit 1 EL Öl bestreichen.

3. Den Grillrost mit der Bürste säubern. Die Hälfte der Holz-Chips abtropfen lassen und auf die Glut geben. Fenchel, Paprika (mit der Haut nach unten) und Tomatenhälften (mit den Schnittflächen nach unten) bei geschlossenem Deckel über DIREKTER STARKER HITZE grillen: den Fenchel etwa 8 Min., bis er gar, aber noch bissfest ist, dabei einmal wenden; die Paprikaschote 6–8 Min., bis ihre Haut schwarz und blasig ist, dabei nicht wenden; die Tomatenhälften etwa 6 Min., bis sie braun sind, dabei einmal wenden. Das gegarte Gemüse vom Grill nehmen. Die Paprika in eine Schüssel geben. Die Schüssel mit Frischhaltefolie verschließen, damit der Dampf nicht entweichen kann; 5–10 Min. stehen lassen. Die Grilltemperatur auf mittlere Hitze (175–230 °C) senken.

4. Die Paprika aus der Schüssel nehmen und häuten. Fenchel, Paprika und Tomaten in 1–2 cm große Würfel schneiden.

5. Den Essig in einer Schüssel mit Paprikapulver, ½ TL Salz und ½ TL Pfeffer verquirlen. Nach und nach etwa 4 EL Olivenöl darunterschlagen. Fenchel, Paprika, Tomaten, Nüsse und Petersilie in die Schüssel geben und alles gut mischen. Das Relish bei Raumtemperatur beiseitestellen.

6. Die Steaks auf beiden Seiten mit Öl bestreichen und gleichmäßig mit dem restlichen ½ TL Salz und dem restlichen Pfeffer bestreuen. Die restlichen Chips abtropfen lassen und auf die Glut geben. Den Grillrost mit der Bürste säubern. Die Steaks bei geschlossenem Deckel über DIREKTER MITTLERER HITZE etwa 8 Min. grillen, bis sie außen nicht mehr glasig sind, dabei einmal wenden. Vom Grill nehmen und warm mit dem Relish servieren.

THUNFISCHSALAT
MIT HONIG-SENF-DRESSING UND NÜSSEN

GERÄT:

RAUCHINTENSITÄT: schwach

VORBEREITUNGSZEIT: 15 Min.

GRILLZEIT: 22–31 Min.

ZUBEHÖR: 1 unbehandeltes Zedernholzbrett (30–35 cm lang und 1–2 cm dick), mind. 1 Std. gewässert; gelochte Grillpfanne

FÜR 4–6 PERSONEN

🔥 *Zedernholzbretter gibt es in unterschiedlichen Stärken. Für dieses Rezept wurde ein 1,5 cm dickes Brett verwendet. Falls Sie ein dünneres benutzen, ist die Garzeit kürzer.*

FÜR DAS DRESSING
3 EL Honig
3 EL Dijon-Senf
2 EL Weißweinessig
4 EL Olivenöl
grobes Meersalz

60 g Pekannusskerne
250 g Zuckerschoten
6–8 Frühlingszwiebeln (nur die
    weißen und hellgrünen Teile), in
    etwa 2 cm lange Stücke geschnitten
Olivenöl
frisch gemahlener schwarzer Pfeffer

2 Thunfischsteaks (je etwa 500 g
    schwer und etwa 3 cm dick)
1 TL Paprikapulver
1 EL gehackter Dill
150 g gemischte Blattsalate

1. Den Honig in einer kleinen Schüssel mit Senf und Essig verquirlen. Unter ständigem Schlagen das Öl dazugießen, bis ein cremiges Dressing entstanden ist. Das Dressing mit Salz abschmecken.

2. Den Grill für direkte mittlere Hitze (175–230 °C) vorbereiten (siehe Seite 22–23) und die Grillpfanne vorheizen.

3. Die Nüsse in der Grillpfanne ausbreiten. Bei geschlossenem Deckel über DIREKTER MITTLERER HITZE 5–10 Min. rösten, bis sie dunkler werden und Duft aufsteigt, dabei ein- bis zweimal umrühren. Die Nüsse vorsichtig aus der Grillpfanne in eine kleine Schüssel schütten (Grillhandschuhe anziehen!) und abkühlen lassen; dabei werden sie knusprig. Die Grillpfanne wieder über direkte Hitze stellen.

4. Zuckerschoten und Frühlingszwiebeln in einer Schüssel mit dem Öl mischen; salzen und pfeffern. Das Gemüse in einer Schicht in die Grillpfanne geben und bei geschlossenem Deckel über DIREKTER MITTLERER HITZE unter gelegentlichem Rühren 5–6 Min. garen, bis es weich und braun wird. Die Grillpfanne mit Grillhandschuhen vom Rost nehmen.

5. Die Thunfischsteaks mit Paprika, Dill, Salz und Pfeffer würzen. Das eingeweichte Brett über DIREKTE MITTLERE HITZE legen und den Grill schließen. Das Brett nach 5–10 Min. wenden, sobald es zu rauchen beginnt und schwarz wird. Die Steaks auf das Brett legen und bei geschlossenem Deckel über DIREKTER MITTLERER HITZE 12–15 Min. grillen, bis sie innen zwar noch rosa sind, sich aber leicht zerpflücken lassen. Vom Grill nehmen und in mundgerechte Stücke schneiden. Die Salatblätter in eine Salatschüssel füllen. Die Nüsse, das Gemüse, den Thunfisch und das Dressing hinzufügen und alles mischen. Den Salat sofort servieren.

SCHWERTFISCHSTEAKS
MIT PAPRIKA-ZWIEBEL-RELISH

GERÄT:

RAUCHINTENSITÄT: schwach

VORBEREITUNGSZEIT: 20 Min.

MARINIERZEIT: 1–2 Std.

GRILLZEIT: 18–22 Min.

ZUBEHÖR: gelochte Grillpfanne

FÜR 4 PERSONEN

FÜR DIE MARINADE
50 ml Olivenöl
1 EL abgeriebene Schale von
    1 Bio-Zitrone
3 EL Zitronensaft
1 EL zerdrückter Knoblauch
1 TL grobes Meersalz
½ TL getrockneter Thymian

4 Schwertfischsteaks (je etwa 250 g
    schwer und 2–3 cm dick)

2 rote Paprikaschoten, in etwa 5 mm
    dicke Streifen geschnitten
1 Zwiebel, in etwa 5 mm dicke Scheiben
    geschnitten
1 EL Olivenöl
½ TL grobes Meersalz
¼ TL frisch gemahlener schwarzer
    Pfeffer

1 Handvoll Mesquiteholz-Chips,
    mind. 30 Min. gewässert

1 EL Apfelessig
100 g Kalamata-Oliven ohne Stein,
    halbiert

*Den Fisch nicht übergaren – er soll
nach dem Grillen noch saftig sein und
sich gerade eben zerpflücken lassen.*

1. Die Zutaten für die Marinade in einer kleinen Schüssel miteinander verquirlen.

2. Die Fischsteaks nebeneinander in eine flache Form legen. Mit der Marinade begießen und darin wenden. Die Form mit Frischhaltefolie verschließen; 1–2 Std. kalt stellen.

3. Den Grill für direkte schwache Hitze (120–175 °C) vorbereiten (siehe Seite 22–23) und die Grillpfanne darauf vorheizen.

4. Paprikastreifen und Zwiebelscheiben in einer Schüssel gründlich mit Öl, Salz und Pfeffer mischen.

5. Die Holz-Chips abtropfen lassen und in die Räucherbox geben (Herstellerangaben beachten). Sobald sie zu rauchen beginnen, das Gemüse in der Grillpfanne ausbreiten und bei geschlossenem Deckel über DIREKTER SCHWACHER HITZE 10–12 Min. grillen, bis es weich und leicht gebräunt ist. Die Pfanne mit Grillhandschuhen vom Rost nehmen. Das Gemüse in eine Schüssel geben, Essig und Oliven untermischen.

6. Die Grilltemperatur auf starke Hitze (230–290 °C) erhöhen.

7. Den Grillrost mit der Bürste säubern. Die Fischsteaks aus der Schale heben und darüber abtropfen lassen. Die Steaks bei geschlossenem Deckel über DIREKTER STARKER HITZE 8–10 Min. grillen, bis sie innen nicht mehr glasig, aber noch saftig sind, dabei einmal wenden. Vom Grill nehmen, mit dem Gemüse auf Tellern anrichten und warm servieren.

Beilagen

FORELLEN-ARTISCHOCKEN-DIP

GERÄT:

RAUCHINTENSITÄT: mittel

VORBEREITUNGSZEIT: 30 Min.

KÜHLZEIT: 2 Std. (1 Std. für den Fisch; 1 Std. für den Dip)

GRILLZEIT: etwa 10 Min.

ZUBEHÖR: Fischpalette

FÜR 8–12 PERSONEN

2 küchenfertige Forellen (je etwa 250 g), Köpfe entfernt, die Fische aufgeklappt
Rapsöl
grobes Meersalz
frisch gemahlener schwarzer Pfeffer

2 große Handvoll Mesquiteholz-Chips, mind. 30 Min. gewässert

1 Dose Artischockenherzen naturell (400 g)
100 g Mayonnaise
50 g saure Sahne
2 EL gehackter Dill
2 EL feine Schalottenwürfel
abgeriebene Schale von 1 Bio-Zitrone
1 EL Zitronensaft
1 EL Weißweinessig
½ TL getrockneter Oregano
Tabasco
Cracker oder Roggenknäckebrot

Achten Sie darauf, dass die Forellen wirklich grätenfrei sind, bevor sie mit den anderen Dip-Zutaten gemischt werden. Feine Gräten lassen sich sehr gut mit einer Pinzette aus dem Fischfleisch ziehen. Falls Sie oft Fisch zubereiten, lohnt es sich, eine Fischpinzette anzuschaffen.

1. Eine Zwei-Zonen-Glut für mittlere Hitze (175–230 °C) vorbereiten (siehe Seite 18–19).

2. Die Haut der Forellen mit Öl bestreichen und die Innenseiten der Fische mit Salz und Pfeffer würzen.

3. Den Grillrost mit der Bürste säubern. Die Holz-Chips abtropfen lassen und auf die Glut geben; den Grill schließen. Sobald die Holz-Chips zu rauchen beginnen, die Forellen aufgeklappt und mit der Haut nach unten auf den Rost legen. Bei geschlossenem Deckel über INDIREKTER MITTLERER HITZE etwa 10 Min. grillen, bis sich das Fischfleisch mit einer Messerspitze leicht zerpflücken lässt. Die Fische mit der Fischpalette auf ein Schneidebrett heben und in etwa 1 Std. Raumtemperatur annehmen lassen.

4. Von jedem Fisch die Mittelgräte am Kopf anheben und mit den daran befindlichen Gräten zum Schwanz hin entfernen. Noch verbliebene kleine Gräten mit einer Pinzette aus dem Fischfleisch ziehen. Die Filets häuten.

5. Die Artischockenherzen in einem Sieb kalt abspülen, dann ausdrücken und in der Küchenmaschine grob zerkleinern. In eine Schüssel geben. Fischfleisch, Mayonnaise, saure Sahne, Dill, Schalottenwürfel, Zitronenschale und -saft sowie Essig und Oregano hinzufügen und alles mischen. Den Dip mit Salz und Tabasco abschmecken. Zudecken und für mind. 1 Std. (höchstens 3 Tage) in den Kühlschrank stellen. Mit Crackern oder Knäckebrot servieren.

Heben Sie die gegarten Forellen nicht mit einer Grillzange vom Rost – dabei würden die Fische auseinanderfallen. Verwenden Sie stattdessen eine große breite Fischpalette.

ZANDER-ZIEGENKÄSE-AUFSTRICH
MIT WEINBRAND

GERÄT:

RAUCHINTENSITÄT: mittel

VORBEREITUNGSZEIT: 30 Min.

GRILLZEIT: etwa 18 Min.

ABKÜHLZEIT: mind. 2 Std.

FÜR 12 PERSONEN (etwa 600 g)

1 Zanderfilet mit Haut (etwa 500 g)
2 EL Olivenöl
grobes Meersalz

1 große Handvoll Apfelholz-Chips,
    mind. 30 Min. gewässert
250 g Ziegenfrischkäse (alternativ
    Doppelrahmfrischkäse),
    mit Raumtemperatur
50 g weiche Butter
60 ml Zitronensaft
2 EL Weinbrand
2 EL Schalottenwürfel
½ TL frisch gemahlener schwarzer
    Pfeffer
1 Spritzer Tabasco

1 EL Schnittlauchröllchen oder
    gehackte Petersilie
geröstete Roggenbrot- oder
    Pumpernickelscheiben
körniger Senf

1. Eine Zwei-Zonen-Glut für mittlere bis schwache Hitze (etwa 175 °C) vorbereiten (siehe Seite 18–19).

2. Das Zanderfilet auf beiden Seiten mit dem Olivenöl bestreichen und auf der Fleischseite mit Salz bestreuen.

3. Den Grillrost mit der Bürste säubern. Die Holz-Chips abtropfen lassen und auf die Glut legen. Den Grill schließen. Sobald das Holz zu rauchen beginnt, das Filet mit der Fleischseite nach unten auf den Rost legen und bei geschlossenem Deckel über DIREKTER MITTLERER HITZE 3 Min. grillen. Das Filet wenden und bei geschlossenem Deckel über INDIREKTER MITTLERER BIS SCHWACHER HITZE etwa 15 Min. grillen, bis es innen nicht mehr glasig ist. Vom Grill nehmen und 20 Min. abkühlen lassen. (Wer möchte, kann den geräucherten Fisch jetzt in einem fest verschlossenen Gefäß für 24 Std. kalt stellen.)

4. Das Filet häuten und in Stücke schneiden. In die Küchenmaschine geben. Frischkäse, Butter, Zitronensaft, Weinbrand, Schalotten, Pfeffer und Tabasco hinzufügen und alles glatt pürieren, dabei ein- oder zweimal die Paste vom Gefäßrand nach unten schieben. Den Aufstrich mit Salz abschmecken. In eine Schüssel geben, zudecken und für mind. 2 Std. in den Kühlschrank stellen.

5. Gut gekühlt auf geröstetes Brot streichen, mit Schnittlauch bestreuen und mit Senf servieren. (Der Aufstrich hält sich im Kühlschrank bis zu 2 Tage.)

Stellen Sie den Aufstrich nach dem Pürieren unbedingt noch für mindestens 2 Std. in den Kühlschrank, damit sich sein Geschmack optimal entfalten kann.

CHILI CON QUESO

GERÄT:

RAUCHINTENSITÄT: stark

VORBEREITUNGSZEIT: 15 Min.

GRILLZEIT: ½–1 Std.

ZUBEHÖR: Gusseisenpfanne (25–30 cm Ø)

FÜR 8–10 PERSONEN

350 g gut abgetropfter Mozzarella
350 g Emmentaler oder Cheddar

4 Stücke Mesquiteholz

FÜR DIE SALSA
1 EL Olivenöl
1 Zwiebel, gewürfelt
1 Chilischote (vorzugsweise Jalapeño),
    entkernt und fein gehackt
1 große Knoblauchzehe, fein gehackt
3 Eiertomaten, entkernt und in
    Spalten geschnitten
3 TL getrocknetes Oregano
grobes Meersalz

1 EL gehacktes Koriandergrün
375 g Tortilla-Chips

1. Den Räuchergrill für indirekte extrem schwache Hitze (80–95 °C) vorbereiten (siehe Seite 20–21).

2. Die beiden Käsesorten nebeneinander in die Pfanne legen, dabei 2–3 cm Abstand zwischen den Käsestücken lassen.

3. Den Grillrost mit der Bürste säubern. Die Holzstücke auf die Glut legen und den Grill schließen. Sobald Rauch aufsteigt, die Pfanne über INDIREKTE EXTREM SCHWACHE HITZE stellen und den Käse bei geschlossenem Deckel grillen, bis die Käsestücke geschmolzen sind und ineinanderfließen. Das dauert 30–60 Min. Dabei aufpassen, dass der Käse sich nicht trennt; das passiert, wenn er zu heiß wird oder zu lange erhitzt wird.

4. Inzwischen für die Salsa das Öl in einer Gusseisenpfanne erhitzen. Die Zwiebel, die Chilischote und den Knoblauch darin bei mittlerer Hitze unter gelegentlichem Rühren etwa 3 Min. dünsten. Die Tomaten mit dem Oregano hinzufügen und etwa 5 Min. mitdünsten, dabei gelegentlich rühren. Vom Herd nehmen und mit Salz abschmecken.

5. Die Salsa auf dem geschmolzenen Käse verteilen und mit Koriandergrün bestreuen. Das Chili warm zu den Tortilla-Chips servieren.

Wenn Sie das Chili con Queso als Hauptgericht servieren möchten, einfach noch abgetropfte Bohnen aus der Dose (z. B. schwarze Bohnen oder Kidneybohnen) unter die Salsa mischen. Mit Tortillas, Salatstreifen und Zwiebelringen servieren.

AUF DEM ZEDERNBRETT GERÄUCHERTER BRIE

MIT KIRSCH-CHUTNEY UND GERÖSTETEN MANDELN

GERÄT:

RAUCHINTENSITÄT: mittel

VORBEREITUNGSZEIT: 20 Min.

GRILLZEIT: etwa 10 Min.

ZUBEHÖR: 1 unbehandeltes
Zedernholzbrett (mind. 30 cm
lang und 1,5 cm dick), mind.
1 Std. gewässert

FÜR 4–6 PERSONEN

FÜR DAS CHUTNEY
2 TL Öl
2 EL Zwiebelwürfel
½ TL zerdrückter Knoblauch
2 TL frisch gehackter Ingwer
etwa 150 g Sauerkirschen
(aus dem Glas; nicht abgetropft)
1 Prise Zimtpulver
1 Prise Chiliflocken

30 g Mandelblättchen, geröstet
1 runder Brie oder Camembert
(etwa 250 g)
Baguettescheiben oder Cracker

*Mandelblättchen können Sie in
einer unbeschichteten Pfanne ohne
Fett auf dem Herd oder im 180 °C
heißen Backofen rösten. Um sie im
Ofen zu rösten, die Mandeln auf
einem Backblech ausbreiten und in
etwa 10 Min. im heißen Ofen goldbraun werden lassen, dabei ab und
zu wenden. Zum Abkühlen auf einen
Teller geben.*

*Den Käse erst 10 Min. vor dem Grillen aus dem Kühlschrank nehmen. Wenn er
zu warm ist, schmilzt er zu schnell und zerläuft auf dem ganzen Grill. Außerdem
sollte er in der Mitte noch relativ fest, also nicht zu reif sein.*

1. Für das Chutney das Öl in einem kleinen Topf mit schwerem Boden bei mittlerer
   Hitze heiß werden lassen. Die Zwiebel darin unter häufigem Rühren in etwa 5 Min.
   goldgelb braten. Den Knoblauch hinzufügen und etwa 30 Sek. rühren, bis Duft aufsteigt. Ingwer, Kirschen, Zimt und Chiliflocken unterrühren. Alles bei sehr schwacher Hitze 3 Min. dünsten, dann in eine Schüssel füllen.

2. Eine Zwei-Zonen-Glut für mittlere Hitze (175–230 °C) vorbereiten (siehe Seite 18–19).

3. Den Grillrost mit der Bürste säubern. Das gewässerte Brett über DIREKTE MITTLERE
   HITZE legen und den Grill schließen. Das Brett nach etwa 5 Min., bzw. sobald es zu
   rauchen beginnt und schwarz wird, wenden.

4. Den Käse auf die Mitte des Brettes setzen und bei geschlossenem Deckel über
   DIREKTER MITTLERER HITZE etwa 10 Min. grillen, bis der Käse weich wird und
   die Rinde sich goldgelb färbt. Den geräucherten Käse mit einer Palette auf eine
   Servierplatte heben.

5. Die Hälfte des Chutneys auf den Käse löffeln und die gerösteten Mandeln darauf
   verteilen. Mit Brot oder Crackern sowie dem restlichen Chutney servieren.

NUSSMISCHUNG AUS DEM HICKORY-RAUCH

GERÄT:

RAUCHINTENSITÄT: mittel

VORBEREITUNGSZEIT: 5 Min.

GRILLZEIT: etwa 20 Min.

ZUBEHÖR: große Einweg-Aluschale

FÜR 4 PERSONEN

1 TL brauner Zucker
1 TL gemahlener Kreuzkümmel
¼ TL Cayennepfeffer
300 g gesalzene Nusskernmischung
    oder Erdnusskerne
2 TL Erdnussöl

1 Handvoll Hickoryholz-Chips,
    mind. 30 Min. gewässert

Die Aluschale muss groß genug sein, um alle Nüsse darin in einer Lage auszubreiten, damit sie gleichmäßig den Rauch annehmen können.

1. Eine Zwei-Zonen-Glut für mittlere Hitze (175–230 °C) vorbereiten (siehe Seite 18–19).

2. In der Aluschale den Zucker mit Kreuzkümmel und Cayennepfeffer mischen. Die Nüsse dazugeben und das Öl darüberträufeln. Alles gründlich miteinander vermischen; beiseitestellen.

3. Den Grillrost mit der Bürste säubern. Die Holz-Chips abtropfen lassen und auf die Glut geben; den Grill schließen. Sobald die Chips zu rauchen beginnen, die gewürzten Nüsse in der Aluschale über DIREKTER MITTLERER HITZE bei geschlossenem Deckel etwa 20 Min. grillen, bis sie sich dunkel färben und zu duften beginnen. Die Schale mit Grillhandschuhen vom Rost nehmen und die Nüsse in der Schale ganz abkühlen lassen. Dabei werden sie knusprig.

4. Falls von der Nussmischung etwas übrig bleibt, diese in einem dicht geschlossenen Gefäß aufbewahren.

GEGRILLTE AUSTERN
MIT TOMATEN-MEERRETTICH-SAUCE

GERÄT:

RAUCHINTENSITÄT: mittel

VORBEREITUNGSZEIT: 15 Min., und 30 Min. zum Öffnen der Austern

GRILLZEIT: 2–4 Min.

ZUBEHÖR: Austernmesser

FÜR 4 PERSONEN

Wer kein Austernmesser hat, kann stattdessen ein stabiles Küchenmesser zum Öffnen der Austern verwenden oder auch einen altmodischen Flaschenöffner mit einem spitzen und einem stumpfen Ende: das spitze Ende mit der Spitze nach oben in die Austernöffnung stechen. Die Auster mit einer Hand festhalten und mit der anderen Hand den Öffner wie einen Hebel nach unten drücken, um die Auster aufzubrechen. Mit einem kleinen Küchenmesser das Austernfleisch von den Schalen lösen.

FÜR DIE SAUCE
2 TL Rapsöl
1 Frühlingszwiebel (nur der weiße Teil), gehackt (den grünen Teil aufheben)
2 EL gehackter Stangensellerie
1 kleine Knoblauchzehe, gehackt
250 g Tomatensauce (Fertigprodukt)
1 EL Zitronensaft
½ TL Worcestersauce
1 TL Meerrettich (Glas)
1 TL brauner Zucker
Tabasco

24 große frische Austern
2 große Handvoll Kirschholz-Chips, mind. 30 Min. gewässert

1. Für die Sauce das Öl in einem kleinen Topf erhitzen. Frühlingszwiebel, Sellerie und Knoblauch darin bei mittlerer Hitze unter gelegentlichem Rühren etwa 2 Min. dünsten. Tomatensauce, Zitronensaft, Worcestersauce, Meerrettich und Zucker dazugeben. Alles zum Köcheln bringen, dann die Sauce offen bei mittlerer bis schwacher Hitze etwa 5 Min. weiterköcheln lassen, dabei hin und wieder umrühren. Die Sauce vom Herd nehmen und mit Tabasco würzen.

2. Die Austern öffnen: jede Auster mit der flachen Seite nach oben in ein mehrfach gefaltetes Küchentuch legen. An der schmalen Öffnung zwischen den Schalen in der Nähe des Gelenks das Austernmesser hineinstechen und die Auster aufbrechen. Dabei nicht die Flüssigkeit (das Austernwasser) am Boden der Schale verschütten. Den Muskel in der oberen Schale durchschneiden, dann mit dem Messer vorsichtig unter dem Austernfleisch auf der unteren Schale entlangfahren, um es zu lösen. Die obere, flache Schale wegwerfen. Die Austern mit der Flüssigkeit in der unteren Schale belassen.

3. Eine Zwei-Zonen-Glut für starke Hitze (230–290 °C) vorbereiten (siehe Seite 18–19).

4. Auf jede Auster in der Schale etwas Sauce löffeln. Die restliche Sauce aufheben.

5. Den Grillrost mit der Bürste säubern. Die Holz-Chips abtropfen lassen und zur Glut geben. Den Grill schließen. Sobald die Chips zu rauchen beginnen, die Austern in den Schalen über DIREKTER STARKER HITZE bei geschlossenem Deckel 2 bis 4 Min. grillen, bis die Sauce und das Austernwasser zu brodeln beginnen und sich die Austern an den Rändern kräuseln. (Die Austern sind dann warm, aber noch nicht durchgegart.) Mit einer Grillzange die Austern vorsichtig vom Grill nehmen. Das Frühlingszwiebelgrün hacken. Die Austern damit bestreuen und mit der restlichen Sauce servieren.

GERÄUCHERTE HÄHNCHEN-DRUMETTES
MIT ORANGENGLASUR

GERÄT:

RAUCHINTENSITÄT: stark

VORBEREITUNGSZEIT: 15 Min.

GRILLZEIT: 20–30 Min.

FÜR 6–8 PERSONEN

20 Hähnchen-Drumettes (die oberen
    Glieder der Flügel; etwa 1,5 kg)
1 TL grobes Meersalz
½ TL frisch gemahlener schwarzer
    Pfeffer

FÜR DIE GLASUR
150 g Orangenmarmelade
80 g Honig
1 TL grobes Meersalz
1 TL Knoblauchgranulat
1 TL Zwiebelgranulat
½ TL Cayennepfeffer

2 Handvoll Hickoryholz-Chips,
    mind. 30 Min. gewässert

1. Die Hähnchen-Drumettes gleichmäßig mit Salz und Pfeffer einreiben.

2. Eine Zwei-Zonen-Glut für mittlere Hitze (175–230 °C) vorbereiten (siehe Seite 18–19).

3. In einem kleinen Topf mit schwerem Boden die Zutaten für die Glasur mischen und bei mittlerer Hitze unter Rühren erwärmen, bis die Marmelade flüssig wird. Das dauert 5–6 Min. Die Glasur vom Herd nehmen, zudecken und warm halten.

4. Den Grillrost mit der Bürste säubern. Die Hickoryholz-Chips abtropfen lassen und auf die Glut legen. Den Grill schließen. Sobald die Chips zu rauchen beginnen, die Drumettes auf den Rost legen und bei geschlossenem Deckel über **INDIREKTER MITTLERER HITZE** 20–30 Min. räuchern, dabei während der letzten 10–12 Min. zwei- bis dreimal wenden und mit der Glasur bestreichen. Wenn beim Anstechen klarer Saft herausläuft und das Fleisch auch am Knochen nicht mehr rosa ist, sind die Drumettes gar. Vom Grill nehmen und heiß servieren.

Das Grillen der Drumettes über indirekter Hitze bewirkt, dass das manchmal etwas zähe Fleisch dieser Hähnchenteile schön zart wird.

ARTISCHOCKEN
MIT GERÄUCHERTER AÏOLI

GERÄT:

RAUCHINTENSITÄT: mittel

VORBEREITUNGSZEIT: 30 Min.

GRILLZEIT: etwa 47 Min.

FÜR 6 PERSONEN

Die Artischocken sollten geschlossene Köpfe haben und relativ schwer sein. Die Blätter sollten quietschen, wenn man sie zusammendrückt.

1 Zitrone
6 Artischocken (je etwa 200 g)
2 Knoblauchknollen
2 EL und 1 TL Olivenöl
grobes Meersalz
frisch gemahlener schwarzer Pfeffer

2 große Handvoll Weinstock-Chips,
     mind. 30 Min. gewässert
220 g Mayonnaise
2 EL gehackte Petersilie

1. Eine Zwei-Zonen-Glut für mittlere Hitze (175–230 °C) vorbereiten (siehe Seite 18–19).

2. Die Zitrone halbieren und auspressen. Den Zitronensaft in eine große Schüssel geben und so viel Wasser dazugießen, dass die Schüssel zu zwei Dritteln gefüllt ist. Die Artischocken nacheinander vorbereiten: Stängel kürzen, kleine Blätter entfernen. Mit der Küchenschere die harten Spitzen der äußeren Blätter abschneiden. Die vorbereiteten Artischocken sofort in das Zitronenwasser legen.

3. Von den Knoblauchknollen die Spitzen abschneiden, damit die Zehen sichtbar werden. Die Knollen nebeneinander auf ein Stück Alufolie setzen und die Folie um die Knoblauchknollen hochschlagen (oben offen lassen). Den Knoblauch mit 1 TL Öl und 1 TL Wasser beträufeln und mit je 1 Prise Salz und Pfeffer würzen.

4. Die Artischocken aus dem Zitronenwasser nehmen und abtropfen lassen. Jede Artischocke auf ein Stück Alufolie legen. Die Artischocken mit dem restlichen Öl beträufeln, mit Salz und Pfeffer würzen und in die Folie wickeln.

5. Den Grillrost mit der Bürste säubern. 1 Handvoll Holz-Chips abtropfen lassen und auf die Glut legen. Den Grill schließen. Sobald die Chips zu rauchen beginnen, die Artischocken und die Knoblauchknollen über INDIREKTER MITTLERER HITZE bei geschlossenem Deckel etwa 40 Min. grillen. Den Knoblauch vom Grill nehmen und etwas abkühlen lassen.

6. Die Päckchen mit den Artischocken vorsichtig öffnen. Die zweite Handvoll Holz-Chips abtropfen lassen und auf die Glut geben. Die Artischocken etwa 7 Min. weitergrillen, bis sich ein großes Blatt leicht herausziehen lässt, dabei einmal in der Folie wenden. Dann vom Grill nehmen.

7. Den Knoblauch aus den Schalen in eine Schüssel drücken und mit einer Gabel zerquetschen. Die Mayonnaise und die Petersilie untermischen und die Aïoli mit Salz und Pfeffer würzen. Die Artischocken warm oder mit Raumtemperatur servieren und die Aïoli dazu reichen.

SOMMERLICHES BOHNENGEMÜSE

GERÄT:

VORBEREITUNGSZEIT: 15 Min.

GRILLZEIT: 6–12 Min.

FÜR 8 PERSONEN

3 Zucchini, längs halbiert

2 EL Olivenöl

2 Maiskolben, ohne Hüllblätter

1 große rote Paprikaschote

½ rote Zwiebel, fein gewürfelt

¾ TL grobes Meersalz

2 TL Knoblauchwürfel

300 g TK-Limabohnen (große weiße
  Bohnenkerne), aufgetaut

2 EL gehackter Oregano oder gehackte
  Basilikumblätter

¼ TL frisch gemahlener schwarzer
  Pfeffer

1. Eine Zwei-Zonen-Glut für mittlere Hitze (175–230 °C) vorbereiten (siehe Seite 18–19).

2. Den Grillrost mit der Bürste säubern. Die Zucchinihälften mit 1 EL Öl bestreichen. Zucchini, Maiskolben und Paprikaschote über DIREKTER MITTLERER HITZE bei geschlossenem Deckel grillen. Nach etwa 6 Min. sind die Zucchini bissfest und nach 8–10 Min. sind die Maiskörner weich und braun gesprenkelt. Die Haut der Paprikaschote ist nach 8–12 Min. schwarz und wirft Blasen. Die Gemüse nach der jeweiligen Garzeit vom Grill nehmen. Die Paprikaschote in einen Gefrierbeutel geben und abkühlen lassen.

3. Wenn das Gemüse so weit abgekühlt ist, dass man sich nicht mehr die Finger daran verbrennt, die Paprika entkernen und häuten. Anschließend mit den Zucchini klein würfeln. Von den Maiskolben die Körner abschneiden.

4. In einer großen Pfanne das restliche Öl erhitzen. Die Zwiebelwürfel darin mit ¼ TL Salz bei mittlerer Hitze unter gelegentlichem Rühren etwa 4 Min. dünsten. Den Knoblauch hinzufügen und alles noch 1 Min. dünsten, dann Bohnen, Zucchini- und Paprikawürfel sowie die Maiskörner dazugeben. Alles zusammen etwa 3 Min. unter gelegentlichem Rühren dünsten. Das Gemüse mit den Kräutern, ½ TL Salz und dem Pfeffer würzen. Sofort servieren.

Sie können das Gemüse auch mit frischen Bohnen statt der Limabohnen zubereiten. Dafür 300 g Bohnen (z. B. grüne Bohnen) oder Bohnenkerne (z. B. Dicke Bohnenkerne) in kochendem Wasser etwa 5 Min. garen, dann abgießen und mit kalten Wasser abschrecken.

SPARGEL UND PANCETTA
MIT ZITRONEN-ESTRAGON-VINAIGRETTE

GERÄT:

RAUCHINTENSITÄT: mittel

VORBEREITUNGSZEIT: 15 Min.

GRILLZEIT: 6–8 Min.

FÜR 4–6 PERSONEN

Fingerdicke Spargelstangen sind zum Grillen besser geeignet als bleistiftdünne.

100 g Pancetta oder 2 dicke Scheiben
    Bacon, in Würfel geschnitten
1 kg grüner Spargel
Olivenöl
grobes Meersalz
frisch gemahlener schwarzer Pfeffer

FÜR DIE VINAIGRETTE
1 EL abgeriebene Schale von
    1 Bio-Zitrone
2 EL Zitronensaft
2 EL Weißweinessig
2 EL feine Schalottenwürfel
2 TL gehackter Estragon
1 TL Honig

1 Handvoll Hickoryholz-Chips,
    mind. 30 Min. gewässert

1. In einer kleinen Pfanne die Pancettastreifen in 4–6 Min. knusprig braun braten, dabei öfter wenden. Herausnehmen und auf Küchenpapier abtropfen lassen.

2. Eine Zwei-Zonen-Glut für direkte mittlere Hitze (175–230 °C) vorbereiten (siehe Seite 18–19).

3. Von den Spargelstangen die harten Enden abschneiden oder abbrechen. Die Spargelstangen mit Öl beträufeln und mit etwas Salz und Pfeffer bestreuen.

4. In einer kleinen Schüssel die Zutaten für die Vinaigrette verrühren. Nach und nach 60 ml Öl unterschlagen, bis die Vinaigrette cremig ist. Die Vinaigrette mit Salz und Pfeffer würzen.

5. Den Grillrost mit der Bürste säubern. Die Holz-Chips abtropfen lassen und auf die Glut geben. Den Grill schließen. Sobald Rauch aufsteigt, die Spargelstangen über **DIREKTER MITTLERER HITZE** bei geschlossenem Deckel 6–8 Min. grillen, dabei hin und wieder wenden.

6. Die Spargelstangen vom Grill nehmen und auf eine Servierplatte legen. Mit der Vinaigrette beträufeln und mit den Speckwürfeln bestreuen. Warm oder mit Raumtemperatur servieren.

KICHERERBSENSALAT

MIT GERÄUCHERTEN AUBERGINEN UND TOMATEN

GERÄT:

RAUCHINTENSITÄT: mild

VORBEREITUNGSZEIT: 30 Min.

GRILLZEIT: 10–20 Min.

ABKÜHLZEIT: etwa 30 Min.

MARINIERZEIT: 1–8 Std.

FÜR 4–6 PERSONEN

Während der Ruhezeit nehmen die Kichererbsen das Räucheraroma des Gemüses an.

FÜR DIE VINAIGRETTE
2 TL abgeriebene Schale von
    1 Bio-Zitrone
60 ml Zitronensaft
60 ml Olivenöl
1 TL Knoblauchwürfel
½ TL gemahlener Kreuzkümmel
¼ TL Cayennepfeffer

grobes Meersalz
frisch gemahlener schwarzer Pfeffer

4 Eiertomaten, längs halbiert
1 dicke Aubergine (etwa 500 g),
    längs halbiert
3–4 Frühlingszwiebeln

1–2 Handvoll Mesquiteholz-Chips,
    mind. 30 Min. gewässert

2 Dosen Kichererbsen (je 400 g)
250 g Mozzarella, in kleine Würfel
    geschnitten
2–3 Stängel Petersilie, die Blätter
    abgezupft und gehackt

1. Den Grill für direkte schwache Hitze (120–175 °C) vorbereiten (siehe Seite 22–23).

2. In einer kleinen Schüssel die Zutaten für die Vinaigrette mischen; salzen und pfeffern. Das Gemüse dünn mit etwas Vinaigrette bestreichen. Die restliche Vinaigrette aufbewahren.

3. Den Grillrost mit der Bürste säubern. Die Holz-Chips abtropfen lassen und in die Räucherbox des Gasgrills legen (Herstellerangaben beachten). Den Grill schließen. Sobald Rauch aufsteigt, das Gemüse über DIREKTER SCHWACHER HITZE bei geschlossenem Deckel grillen, dabei gelegentlich wenden. Das Gemüse vom Grill nehmen, sobald es weich ist; die Haut der Tomaten und der Aubergine ist dann geröstet und schrumpelig. Die Frühlingszwiebeln brauchen etwa 10 Min., die Tomaten 10–15 Min. und die Aubergine 15–20 Min.

4. Die Tomaten und die Aubergine in einer großen Schüssel etwa 30 Min. abkühlen, die Kichererbsen in einem Sieb abtropfen lassen. Tomaten und Auberginen aus der Schüssel nehmen (den Saft, der während des Abkühlens entstanden ist, in der Schüssel lassen) und in mundgerechte Stücke schneiden; die Frühlingszwiebeln ebenfalls in Stücke schneiden. Alles Gemüse samt Flüssigkeit in die Schüssel geben. Kichererbsen, Mozzarella und die restliche Vinaigrette untermischen. Den Salat bei Raumtemperatur mindestens 1 Std. durchziehen lassen (er kann auch bis zu 8 Std. im Kühlschrank stehen).

5. Vor dem Servieren die Petersilie unter den Salat mischen; den Salat mit Salz und Pfeffer würzen. Mit Raumtemperatur oder gekühlt als Beilage oder Hauptgericht servieren.

BULGURSALAT MIT GERÄUCHERTEM GEMÜSE

GERÄT:

RAUCHINTENSITÄT: mild

VORBEREITUNGSZEIT: 15 Min.,
plus 30 Min. Quellzeit für den
Bulgur

GRILLZEIT: 12–15 Min.

RUHEZEIT: 30 Min.

FÜR 6–8 PERSONEN

200 g Bulgur

FÜR DIE VINAIGRETTE
2 Stängel Minze, die Blätter abgezupft
     und zerkleinert
3 EL Apfelessig
2 TL Dijon-Senf
1 Knoblauchzehe, gehackt

100 ml Olivenöl
grobes Meersalz
frisch gemahlener schwarzer Pfeffer

2 große Champignons oder Portobello-
     Pilze (etwa 250 g), geputzt und
     entstielt
2 Zucchini (etwa 350 g), längs halbiert
2 rote Paprikaschoten (etwa 350 g),
     geputzt und geviertelt

1–2 Handvoll Apfelholz-Chips,
     etwa 30 Min. gewässert

350 g Cocktailtomaten, halbiert
120 g Schafskäse (Feta), zerbröckelt
1 Bund Petersilie, grob gehackt

1. In einer großen Schüssel den Bulgur mit dem 350 ml kochendem Wasser mischen und 30 Min. quellen lassen. Der Bulgur soll dabei alles Wasser aufnehmen.

2. Den Grill für direkte sehr schwache Hitze (95–120 °C) vorbereiten (siehe Seite 22–23).

3. In einer Schüssel die Zutaten für die Vinaigrette mischen, dann 80 ml Öl unterschlagen. Mit Salz und Pfeffer würzen. Die Vinaigrette unter den Bulgur mischen.

4. Pilze, Zucchini und Paprikaschoten dünn mit dem restlichen Öl bestreichen; mit Salz und Pfeffer würzen.

5. Den Grillrost mit der Bürste säubern. Die Holz-Chips abtropfen lassen und in die Räucherbox des Grills legen (Herstellerangaben beachten). Den Grill schließen. Sobald Rauch aufsteigt, das vorbereitete Gemüse über DIREKTER SEHR SCHWACHER HITZE bei geschlossenem Deckel 12–15 Min. grillen, bis es weich und geröstet ist, dabei ab und zu wenden. Vom Grill nehmen.

6. Das gegrillte Gemüse in mundgerechte Stücke schneiden; zum Bulgur geben. Tomaten, Käse und Petersilie untermischen. Den Salat zugedeckt bei Raumtemperatur mindestens 30 Min. durchziehen lassen.

Dieser Salat schmeckt am nächsten Tag am besten, weil sich über Nacht das Räucheraroma voll entfalten kann.

NUDELSALAT
MIT GERÄUCHERTEM GEMÜSE UND ZITRONEN-VINAIGRETTE

GERÄT:

RAUCHINTENSITÄT: schwach

VORBEREITUNGSZEIT: 25 Min.

GRILLZEIT: 10–12 Min.

ZUBEHÖR: gelochte Grillpfanne

FÜR 6–8 **PERSONEN**

FÜR DIE VINAIGRETTE

60 ml Zitronensaft
8 entsteinte schwarze Oliven
    (vorzugsweise Kalamata-Oliven),
    gehackt
1 TL gehackter Thymian
125 ml Olivenöl
grobes Meersalz
frisch gemahlener schwarzer Pfeffer

12 Artischockenherzen (Konserve;
    keinesfalls marinierte), trocken
    getupft und geviertelt
je 1 rote, gelbe und orangefarbene
    Paprikaschote, in schmale
    Streifen geschnitten
60 ml Olivenöl
2 TL gehackter Knoblauch

1 Handvoll Hickoryholz- oder Eichen-
    holz-Chips, mind. 30 Min. gewässert

250 g Penne
250 g Mozzarella, klein gewürfelt

Damit die Artischocken schön braun werden, so viel Flüssigkeit wie möglich abgießen und die Artischocken gleichmäßig mit Öl bestreichen.

1. Den Grill für direkte mittlere Hitze (175–230 °C) vorbereiten (siehe Seite 22–23).

2. In einer großen Schüssel für die Vinaigrette den Zitronensaft mit den Oliven und dem Thymian mischen. Das Öl langsam unterschlagen, bis ein cremiges Dressing entstanden ist. Mit Salz und Pfeffer würzen; beiseitestellen.

3. In einer zweiten Schüssel Artischocken und Paprikaschoten mit 60 ml Öl und dem Knoblauch mischen.

4. Die Holz-Chips abtropfen lassen und in die Räucherbox des Gasgrills legen (Herstellerangaben beachten). Den Grill schließen. Sobald die Chips rauchen, die Gemüsestücke nebeneinander auf die Grillpfanne legen. Über DIREKTER MITTLERER HITZE bei geschlossenem Deckel 10–12 Min. grillen, bis sie weich und leicht angekohlt sind, dabei gelegentlich wenden. Mit Grillhandschuhen die Grillpfanne vom Grill nehmen und auf eine hitzebeständige Fläche stellen. Das Gemüse in die Schüssel mit dem Dressing geben.

5. Die Nudeln in reichlich sprudelnd kochendem Salzwasser nach Packungsangabe bissfest garen. Abgießen und abtropfen lassen; in die Schüssel zum Gemüse geben. Den Mozzarella hinzufügen und alles mischen. Den Salat warm oder mit Raumtemperatur servieren.

GERÄUCHERTER TOFU
MIT ASIATISCHEM KRAUTSALAT

GERÄT:

RAUCHINTENSITÄT: stark

VORBEREITUNGSZEIT: 20 Min.

MARINIERZEIT: 1–2 Std.

GRILLZEIT: etwa 2 Std.

FÜR 6 PERSONEN

Seidentofu oder normal fester Tofu sind für dieses Rezept ungeeignet. Nur extrafester Tofu kann 2 Std. gegrillt werden, ohne dabei zu zerfallen.

1,2 kg extrafester Tofu, abgetropft
6 EL Sojasauce
6 EL Reisweinessig
3 EL Fischsauce

4 Stücke Hickoryholz

6 EL Rapsöl
2 TL Zucker
1 TL Chilipaste (z. B. Sambal Oelek)
2 EL geröstetes Sesamöl
1 Chinakohl (etwa 1 kg), vom Strunk
    befreit und in dünne Streifen
    geschnitten
je 1 rote und gelbe Paprikaschote,
    in dünne Streifen geschnitten
4 Frühlingszwiebeln (nur die weißen
    und hellgrünen Teile), in dünne
    Ringe geschnitten
grobes Meersalz

1. Jeden Tofublock einmal quer durchschneiden. In einer Glas- oder Keramikform, die so groß ist, dass darin alle Tofustücke nebeneinander Platz haben, je 3 EL Sojasauce und Essig sowie die Fischsauce mischen. Die Tofuscheiben darin wenden und nebeneinander in die Form legen; für 1–2 Std. in den Kühlschrank stellen, dabei hin und wieder mit Marinade begießen.

2. Den Räuchergrill für indirekte sehr schwacher Hitze (95–120 °C) vorbereiten (siehe Seite 20–21).

3. Den Grillrost mit der Bürste säubern. 2 Holzstücke auf die Glut legen. Den Grill schließen. Den Tofu aus der Marinade nehmen, mit Küchenpapier trocken tupfen und mit 2 EL Öl bestreichen. Die Tofuscheiben über INDIREKTER SEHR SCHWACHER HITZE bei geschlossenem Deckel etwa 2 Std. grillen, bis sie schön gebräunt sind. Nach 1 Std. die restlichen Holzstücke auf die Glut geben; falls nötig, weitere glühende Holzkohlen-Briketts dazulegen, um eine gleichmäßige sehr schwache Hitze zu halten.

4. Inzwischen in einer großen Schüssel für den Salat die restlichen 3 EL Sojasauce mit dem übrigen Essig, dem Zucker und der Chilipaste verrühren. Langsam das restliche Rapsöl und das Sesamöl unterschlagen. Kohl- und Paprikastreifen sowie Frühlingszwiebeln unter das Dressing mischen. Den Salat zugedeckt für 1 Std. in den Kühlschrank stellen. Vor dem Servieren mit Salz würzen.

5. Den Tofu vom Grill nehmen und warm mit dem Salat servieren.

SÜSSSAURER KOHL-GEMÜSE-SALAT

VORBEREITUNGSZEIT: 20 Min.

KÜHLZEIT: mind. 2 Std.

FÜR 8–10 PERSONEN

Zerkleinern Sie Kohl, Gurke, Zwiebeln und Paprika mit dem Hobelaufsatz der Küchenmaschine und die Möhren mit dem Raspelaufsatz.

80 ml Apfelessig
80 ml Rapsöl
65 g Zucker
1 EL grobes Meersalz
1½ TL Selleriesalz
½ TL frisch gemahlener schwarzer
    Pfeffer

400 g Weißkohl, in feine Streifen
    geschnitten
1 Salatgurke, halbiert, entkernt und
    in dünne Scheiben geschnitten
200 g Möhren, geraspelt
300 g milde Zwiebeln, in feine Streifen
    geschnitten
1 rote Paprikaschote, in feine Streifen
    geschnitten
1 grüne Paprikaschote, in feine Streifen
    geschnitten

1. In einer großen Schüssel Essig. Öl, Zucker, Salz, Selleriesalz und Pfeffer verrühren, bis sich Zucker und Salz aufgelöst haben. Das Gemüse unterheben. Die Schüssel zudecken und für mind. 2 Std. oder bis zu 1 Tag kalt stellen.

2. Vor dem Servieren den gekühlten Salat in ein Sieb abgießen und wieder in die Schüssel füllen.

Wie bei allen Krautsalaten fällt auch hier das Gemüse während des Marinierens zusammen, und der Salat verliert an Volumen. Wer das Gemüse weicher mag, lässt den Salat über Nacht im Kühlschrank durchziehen.

KLASSISCHER COLESLAW

VORBEREITUNGSZEIT: 15 Min.

RUHEZEIT: 30 Min.

FÜR 6 PERSONEN

1 kg Weißkohl, in dünne Streifen
    geschnitten
4 Möhren, geraspelt
1 EL grobes Meersalz
150 g Mayonnaise
2 EL Sherry- oder Apfelessig
1 EL Zucker
1 EL Dijon-Senf
1 TL frisch gemahlener schwarzer
    Pfeffer

Damit der Salat nicht zu sehr durchweicht, müssen Weißkohl und Möhren so wenig Wasser wie möglich enthalten. Dies wird zum einen durch das Salzen erreicht (Salz entzieht Wasser), zum anderen durch das gründliche Ausdrücken mit den Händen.

1. In einer großen Schüssel Kohlstreifen und Möhrenraspel mit dem Salz mischen und das Ganze 30 Min. durchziehen lassen.

2. Die Kohl-Möhren-Mischung in ein Sieb schütten und gründlich kalt abspülen. Anschließend das Gemüse portionsweise mit der Hand gut ausdrücken und wieder in die Schüssel geben.

3. Die Mayonnaise mit Essig, Zucker, Senf und Pfeffer verrühren. Die Salatsauce unter die Gemüsestreifen mischen. Sofort servieren.

GURKEN-DILL-SALAT

VORBEREITUNGSZEIT: 15 Min.

ABTROPFZEIT: 1–3 Std.

KÜHLZEIT: mind. 2 Std.

FÜR 6–8 PERSONEN

2 Salatgurken, längs halbiert, entkernt
    und in dünne Scheiben geschnitten
grobes Meersalz
120 g saure Sahne
3 EL gehackter Dill
3 EL Apfelessig
1 TL Zucker
frisch gemahlener schwarzer Pfeffer
1 kleine rote Zwiebel, quer halbiert und
    in Halbringe geschnitten

*Das Salz entzieht der Gurke
Wasser. Dadurch bleiben die Gurkenscheiben im Salat knackig. Nach dem
Ziehen die Gurken gründlich abspülen,
damit sie den Salat nicht versalzen.*

1. Die Gurkenscheiben in einem Sieb mit 2 TL Salz bestreuen. Das Sieb in das Spülbecken stellen und die Gurken mind. 1 Std. Wasser ziehen und abtropfen lassen. Anschließend gründlich kalt abspülen und trocken tupfen.

2. In einer Schüssel für das Dressing die saure Sahne mit Dill, Essig, Zucker sowie etwas Salz und Pfeffer verrühren. Gurken und Zwiebeln untermischen. Den Salat zugedeckt für mindestens 2 Std. und bis zu 2 Tage in den Kühlschrank stellen. Gekühlt servieren.

WARMER KARTOFFEL-BACON-SALAT
MIT SENFDRESSING

VORBEREITUNGSZEIT: 30 Min

GARZEIT: etwa 25 Min.

FÜR 6 PERSONEN

Verwenden Sie möglichst fest-kochende Bio-Kartoffeln für diesen Salat. Sie zerfallen nicht so leicht beim Durchmischen und können mit Schale gegessen werden.

1,5 kg rotschalige Kartoffeln, gewaschen
    und abgebürstet
6 Scheiben Bacon, in 2,5 cm große
    Stücke geschnitten
Rapsöl
80 ml Apfelessig
2 EL körniger Senf
1 EL Zucker
grobes Meersalz
frisch gemahlener schwarzer Pfeffer
4 Frühlingszwiebeln, die weißen
    und grünen Teile separat in feine
    Ringe geschnitten
4 EL Mehl
2 EL gehackte Petersilie

1. Die Kartoffeln in Salzwasser in 20–25 Min. garen. Abgießen, kalt abspülen und beiseitestellen.

2. In einer großen Pfanne den Bacon mit 1 EL Öl bei mittlerer Hitze in 8–10 Min. unter gelegentlichem Rühren knusprig braten. Mit einem Schaumlöffel aus dem Fett heben und auf Küchenpapier abtropfen lassen. Das Speckfett abmessen: Es sollen 3 EL sein, falls nötig, noch Öl dazugeben.

3. In einer Schüssel 175 ml Wasser mit Essig, Senf, Zucker, 1 TL Salz und ¼ TL Pfeffer verrühren. Die Pellkartoffeln mit Schale in dünne Scheiben schneiden.

4. Die 3 EL Fett in der Pfanne bei mittlerer Hitze heiß werden lassen. Die weißen Zwiebelringe darin etwa 2 Min. unter Rühren braten. Das Mehl darüberstreuen und anschwitzen. Die Essigmischung dazugießen; alles verrühren und aufkochen, dann bei sehr schwacher Hitze etwa 2 Min. köcheln lassen. Die Pfanne mit der Zwiebelsauce vom Herd nehmen. Kartoffeln, Bacon, grüne Frühlingszwiebelringe und Petersilie hineingeben; alles gründlich mischen. Den Salat salzen und pfeffern und warm servieren.

CHILI MIT DREIERLEI BOHNEN UND CHORIZO

VORBEREITUNGSZEIT: 20 Min.

GARZEIT: etwa 55 Min.

ZUBEHÖR: Gusseisentopf (Dutch Oven; etwa 5 l Inhalt)

FÜR 6 PERSONEN

1 EL Olivenöl
250 g geräucherte Chorizo, in kleine
    Würfel geschnitten
1 große Zwiebel, fein gewürfelt
1 große grüne Paprikaschote,
    in schmale Streifen geschnitten
1 Chilischote (Serrano oder Jalapeño),
    entkernt und gehackt
1 EL Knoblauchwürfel
3 EL Chilipulver (Gewürzmischung)
2 TL gemahlener Kreuzkümmel
2 TL getrockneter Oregano
2 Dosen stückige Tomaten
    (je 400 g Inhalt)
330 ml helles Bier
2 Dosen Wachtelbohnen (je 425 g Inhalt)
1 Dose Kidneybohnen (425 g Inhalt)
1 Dose Kichererbsen (425 g Inhalt)
¾ TL grobes Meersalz
saure Sahne (nach Belieben)
geriebener Hartkäse (nach Belieben)
Tabasco (nach Belieben)

1. Das Öl im Topf erhitzen. Die Chorizowürfel darin bei mittlerer Hitze in etwa 5 Min. unter gelegentlichem Rühren knusprig braten. Zwiebel, Paprika, Chilischote und Pfeffer hinzufügen und alles noch etwa 5 Min. braten, dabei ab und zu umrühren.

2. Chilipulver, Kreuzkümmel und Oregano über die Wurstmischung in den Topf streuen und nur kurz unter Rühren mitbraten. Anschließend die Tomaten und das Bier hinzufügen und untermischen. Bohnen und Kichererbsen aus den Dosen abgießen, abspülen und abtropfen lassen. Die Hülsenfrüchte in den Topf geben und untermischen; alles aufkochen lassen. Das Chili bei mittlerer bis schwacher Hitze etwa 45 Min. unter gelegentlichem Rühren köcheln lassen, bis es etwas eingekocht ist. Vom Herd nehmen und das Gericht kräftig salzen. Sofort servieren; nach Belieben saure Sahne, Käse und Tabasco dazu reichen.

   Das Chili ist eine hervorragende Beilage zu den Tamales (Rezept siehe Seite 81), kann aber genauso gut als Hauptgericht serviert werden.

BOHNEN MIT CIDRE UND BACON

GERÄT:

VORBEREITUNGSZEIT: 10 Min.

GRILLZEIT: etwa 1¼ Std.

ZUBEHÖR: Gusseisentopf (Dutch Oven; etwa 3 l Inhalt)

FÜR 8 PERSONEN

750 ml Cidre
3 EL brauner Zucker
40 ml Ketchup
2 EL scharfer Senf
1 EL Worcestersauce
4 Scheiben Bacon, in etwa 2,5 cm große
    Stücke geschnitten
1 große Zwiebel, fein gewürfelt
4 Dosen Cannellini-Bohnen
    (je 425 g Inhalt)
grobes Meersalz
frisch gemahlener schwarzer Pfeffer

Besonders gut schmecken die Bohnen, wenn sie im Rauch des Holzes garen, das zum Bacon passt. Wenn Sie beispielsweise über Apfelholz geräucherten Bacon verwenden, sollten Sie zum Garen der Bohnen entsprechend Apfelholz-Chips auf die Glut geben.

1. Den Grill für direkte und indirekte schwache Hitze (120–175 °C) vorbereiten (siehe Seite 22–23).

2. In einem Topf den Cidre aufkochen und bei starker Hitze in etwa 10 Min. auf die Hälfte einkochen lassen. Zucker, Ketchup, Senf und Worcestersauce untermischen und rühren, bis sich der Zucker aufgelöst hat. Beiseitestellen.

3. Den Gusseisentopf über DIREKTE SCHWACHE HITZE auf den Grill stellen und den Bacon darin in 10–12 Min. unter gelegentlichem Rühren knusprig braten. Die Zwiebel hinzufügen und unter Rühren in 6–8 Min. goldgelb braten. Die Bohnen abgießen, abspülen und abtropfen lassen. Mit der Cidre-Mischung in den Topf geben. Alles gut verrühren und zum Köcheln bringen. Den offenen Gusseisentopf über INDIREKTE SCHWACHE HITZE stellen. Den Grill schließen und die Bohnen im Topf auf dem Grill 45–50 Min. garen, bis die Flüssigkeit um die Hälfte eingekocht ist. Den Topf vom Grill nehmen und das Bohnengericht etwa 5 Min. ruhen lassen. Mit Salz und Pfeffer würzen; sofort servieren.

NUDEL-KÄSE-AUFLAUF MIT CHILI

GERÄT:

VORBEREITUNGSZEIT: 20 Min.

GRILLZEIT: 28–42 Min.

ZUBEHÖR: Gusseisentopf (Dutch Oven; 4–5 l Inhalt)

FÜR 6–8 PERSONEN

5 EL und 2 TL Butter
4 Chilischoten (vorzugsweise Poblano)
3 rote Paprikaschoten
40 g Mehl
750 ml heiße Milch
400 g würziger Hartkäse, in Stücke
    geschnitten
1½ TL grobes Meersalz
½ TL Tabasco
500 g Hörnchennudeln
2 Eier (Größe L)

Statt der Poblano-Chilischote können Sie eine große Paprikaschote und eine Serrano- oder Jalapeño-Chilischote verwenden. In diesem Fall in einer kleinen Pfanne 2 EL Olivenöl erhitzen und darin eine fein gewürfelte grüne Paprikaschote und ein oder zwei fein gewürfelte Serrano- bzw. Jalapeño-Chilis bei mittlerer Hitze unter gelegentlichem Rühren etwa 5 Min. dünsten, bis sie weich werden. Die Paprika- und Chiliwürfelchen mit dem Käse in die helle Sauce rühren.

1. Den Grill für direkte und indirekte mittlere Hitze (175–230 °C) vorbereiten (siehe Seite 22–23).

2. Den Gusseisentopf mit 2 TL Butter fetten; beiseitestellen.

3. Den Grillrost mit der Bürste säubern. Die Paprikaschoten über DIREKTER MITTLERER HITZE bei geschlossenem Deckel 8–12 Min. grillen, bis sie schwarz sind und die Schale Blasen wirft; dabei gelegentlich wenden. Die Schoten in einem Gefrierbeutel etwas abkühlen lassen, dann schälen, von Trennwänden und Samen befreien und in kleine Würfel schneiden.

4. In einem großen Topf die restliche Butter bei mittlerer bis schwacher Hitze zerlassen. Das Mehl mit dem Schneebesen hineinrühren und 1 Min. anschwitzen. Die heiße Milch unter Rühren dazugießen; alles unter ständigem Rühren zum Köcheln bringen. Den Topf vom Herd nehmen. 300 g Käse unter die Sauce mischen und schmelzen lassen. Die Paprikawürfel hinzufügen; die Käsesauce salzen und pfeffern.

5. Die Nudeln in reichlich kochendem Salzwasser in einem Topf nur etwa 3 Min. kochen (sie sind dann noch nicht weich). Abgießen und in den Topf zurückgeben.

6. Die Eier in einer Schüssel verquirlen. Etwa 250 ml von der heißen Käsesauce unter die Eier schlagen. Diese Mischung unter die übrige Käsesauce rühren. Die Sauce über die Nudeln gießen und alles gut mischen. Die Masse in den Gusseisentopf füllen und mit dem restlichen Käse bestreuen. Die Nudel-Käse-Masse über INDIREKTER MITTLERER HITZE bei geschlossenem Deckel 20–30 Min. garen, bis sie blubbert. Vom Grill nehmen. 5 Min. ruhen lassen, dann servieren.

KNOBLAUCH-MAISBROT AUS DER PFANNE

GERÄT:

VORBEREITUNGSZEIT: 20 Min.

GRILLZEIT: etwa 35 Min.

ZUBEHÖR: Gusseisenpfanne (25 cm Ø)

FÜR 8 PERSONEN

5 EL Butter
1 EL fein gehackter Knoblauch
750 ml Milch
1 TL grobes Meersalz
¼ TL frisch gemahlener schwarzer Pfeffer
140 g Maismehl
75 g geriebener würziger Hartkäse
3 Eier (Größe L), getrennt

In einem Gasgrill mit seiner gleichmäßig konstanten Hitze, gelingt dieses Brot am allerbesten.

1. Den Grill für indirekte mittlere Hitze (175–230 °C) vorbereiten (siehe Seite 22–23); die Temperatur möglichst konstant bei 200 °C halten.

2. Die Pfanne mit 1 EL Butter fetten.

3. In einem schweren Topf 1 EL Butter bei mittlerer Hitze zerlassen. Den Knoblauch darin unter Rühren in etwa 2 Min. weich braten; er soll nicht bräunen. Die Milch dazugießen, salzen, pfeffern und aufkochen lassen. Das Maismehl unter Rühren in die Milch schütten und bei mittlerer bis schwacher Hitze etwa 2 Min. köcheln lassen, dabei ständig rühren. Sobald ein dicker Brei entstanden ist, den Topf vom Herd nehmen. 3 EL Butter unter den Maisbrei rühren, dann den Käse untermischen, bis er geschmolzen ist.

4. Die Eigelbe mit etwa 125 ml Maisbrei verrühren. Diese Mischung unter den restlichen Maisbrei rühren. Die Eiweiße zu steifem Schnee schlagen. Zuerst ein Viertel davon unter den Maisbrei rühren, dann den restlichen Eischnee mit dem Kochlöffel unterheben. Die Masse in die Gusseisenpfanne füllen.

5. Den Maisbrei in der Pfanne über INDIREKTER MITTLERER HITZE bei geschlossenem Deckel grillen, bis das Brot gleichmäßig aufgegangen und goldbraun ist. Das dauert etwa 35 Min. Die Pfanne vom Grill nehmen und das Brot darin servieren.

7

Sicherheits-
hinweise
und Rezepte-
Register

SICHERHEITSHINWEISE

SICHERHEIT FÜR DEN GRILL

Lesen Sie unbedingt die Bedienungsanleitung Ihres Grills, und machen Sie sich mit allen Techniken und Sicherheitshinweisen vertraut. Auch die Wartung Ihres Grills ist wichtig – beachten Sie dazu ebenfalls die Hinweise des Herstellers.

Falls die Bedienungsanleitung für Ihr Gerät nicht mehr auffindbar ist, nehmen Sie bitte Kontakt mit dem Hersteller auf, bevor Sie den Grill in Betrieb nehmen.

TIPPS ZUR LEBENSMITTEL-SICHERHEIT

Diese Tipps sollen dazu dienen, dass Ihr Mahl nicht nur gut schmeckt, sondern auch gut bekommt.

1. FLEISCH KÜHL LAGERN.

Wenn Fleisch zu lange Temperaturen zwischen 4 und 60 °C ausgesetzt wird, können sich Krankheitserreger darauf vermehren. Lassen Sie es deshalb keinesfalls länger als nötig außerhalb des Kühlschranks liegen (z. B. damit es vor dem Garen Raumtemperatur annehmen kann). Folgen Sie hier den Angaben im Rezept. Nach dem Essen ist es ein Genuss, stundenlang am Tisch sitzen zu bleiben – nehmen Sie sich aber trotzdem ein paar Minuten Zeit dafür, das geräucherte Fleisch einzupacken und in den Kühlschrank zu legen. Und denken Sie daran: Reste sind ein Schatz!

2. AUF HYGIENE ACHTEN.

Spülen Sie alles, was mit rohem Fleisch, Fisch oder Geflügel in Kontakt gekommen ist – Geschirr, Besteck, Arbeitsflächen (und natürlich die Hände) –, sofort nach dem Benutzen mit heißem Wasser und Spülmittel ab.

3. FLEISCHMARINADEN NIE ROH ALS SAUCE VERWENDEN.

Marinaden dürfen nur als Saucen verwendet werden, wenn sie nach dem Marinieren gekocht wurden. Dann werden Krankheitserreger, die sich auf dem rohen Fleisch befunden haben können, abgetötet.

4. TIEFGEFRORENES FLEISCH LANGSAM IM KÜHLSCHRANK AUFTAUEN.

Wenn Ihnen das zu lange dauert, können Sie notfalls das Fleisch auch in einen Gefrierbeutel packen; diesen gut verschließen und in kaltes Wasser (höchstens 4 °C) legen. Das Wasser jede Stunde wechseln.

5. MESSER SCHARF HALTEN.

Stumpfe Messer sind viel gefährlicher als scharfe, weil man mit ihnen oft eher drückt als schneidet. Das bedeutet erhöhte Verletzungsgefahr. Schärfen Sie Ihre Messer also mindestens einmal in der Woche mit einem Wetzstahl.

6. ZEITANGABEN IN REZEPTEN ALS ORIENTIERUNGSHILFEN VERSTEHEN.

Ihr Grill produziert vielleicht mehr Hitze als meiner. Oder mein Kühlschrank ist kälter eingestellt als Ihrer. Mein Braten war dicker, Ihrer aber schwerer. Sie räuchern bei stärkerer Hitze als ich. Sie sehen: Es gibt viele Faktoren, die die Zubereitungszeiten beeinflussen. Deshalb sollten Sie die Angaben in den Rezepten nur als Anhaltspunkte betrachten und immer zum Ende der angegeben Grillzeit den Garzustand Ihres Fleischstücks mit einem Thermometer prüfen.

KERNTEMPERATUR VON FLEISCH UND GEFLÜGEL

Jeder mag sein Fleischstück anders gegart. Für Rindfleisch gibt es international gültige Bezeichnungen. Geflügel soll immer ganz durchgegart sein. Die Kerntemperatur lässt sich mit einem Fleischthermometer und der Tabelle rechts überprüfen. Stechen Sie das Thermometer immer am dicksten Teil ein, und lassen Sie es nicht einen Knochen berühren.

FLEISCHART/ GARGRAD	KERN-TEMPERATUR	AUS-SEHEN
RIND/LAMM: rare	49–52 °C	Im Kern blaurot bis rot; blutig
RIND/LAMM: medium rare	52–57 °C	Im Kern rot bis rosa
RIND/LAMM: medium	57–63 °C	Im Kern rosa
RIND/LAMM: medium well	63–68 °C	Im Kern rosa bis graubraun
RIND/LAMM: well done	mind. 68 °C	Im Kern graubraun
SCHWEIN	65–70 °C	im Kern noch leicht rosa
GEFLÜGEL	75–90 °C	Fleisch am Knochen nicht mehr rosa, Saft klar

REZEPTE-REGISTER

Damit Sie Rezepte mit bestimmten Zutaten noch schneller finden können, sind beliebte Zutaten Hähnchen oder Lachs oder Rezepte für Dips, Saucen, Salate etc. alphabetisch geordnet und über den entsprechenden Rezepten hervorgehoben.

REZEPTE-REGISTER

Weber-Stephen Products Co.:
Mike Kempster Sr., Executive Vice President
Sherry L. Bale, Director, Public Relations

Titel der amerikanischen Originalausgabe:
Weber´s on the Grill. Smoke ™

PROJEKTLEITUNG: Stefanie Poziombka
AUTOR: Jamie Purviance
ÜBERSETZUNG: Adelheid Schmidt-Thomé und
Regine Brams
LEKTORAT UND REDAKTION: Redaktionsbüro
Cornelia Klaeger, München
SATZ: Anja Dengler, Werkstatt München
GESAMTPRODUKTION DER DEUTSCHEN AUSGABE:
Werkstatt München · Buchproduktion
UMSCHLAGGESTALTUNG: independent Medien-
Design, Horst Moser, München
(Umschlag und Innenlayout d. Originalausgabe:
rabble + rouser, inc.)
HERSTELLUNG: Anna Bäumner
REPRODUKTION: Longo AG, Bozen
DRUCK: aprinta Druck, Firmengruppe Appl,
Wemding
BINDUNG: Conzella, Pfarrkirchen

BILDNACHWEIS: Alle Fotos Tim Turner
(Foodstyling Lynn Gagné)

ISBN 978-3-8338-2623-8

4. Auflage 2014

 www.facebook.com/gu.verlag

Ein Unternehmen der
GANSKE VERLAGSGRUPPE

DIE GU-QUALITÄTS-GARANTIE

Liebe Leserin, lieber Leser,
wir möchten Ihnen mit den Informationen und Anregungen in diesem
Buch das Leben erleichtern und Sie
inspirieren, Neues auszuprobieren.
Alle Informationen werden von unseren Autoren gewissenhaft erstellt
und von unseren Redakteuren sorg-
fältig ausgewählt und mehrfach ge-
prüft. Deshalb bieten wir Ihnen eine
100 %ige Qualitätsgarantie. Sollten
wir mit diesem Buch Ihre Erwartun-
gen nicht erfüllen, lassen Sie es
uns bitte wissen. Sie erhalten von
uns kostenlos einen Ratgeber zum
gleichen oder ähnlichen Thema.
Wir freuen uns auf Ihre Rückmel-
dung, auf Lob, Kritik und Anregungen, damit wir für Sie immer besser
werden können.

GRÄFE UND UNZER Verlag
Leserservice
Postfach 86 03 13
81630 München
E-Mail:
leserservice@graefe-und-unzer.de

Telefon: 0800 – 723 73 33*
Telefax: 0800 – 501 20 54*
Mo–Do: 8.00–18.00 Uhr
Fr: 8.00–16.00 Uhr
(* gebührenfrei in Deutschland)

Ihr GRÄFE UND UNZER Verlag
Der erste Ratgeberverlag – seit 1722.